〈子どものやる気を育てる〉シリーズ

親子でいっしょに楽しむ

シュタイナーの手仕事

土田亜紀

創元社

はじめに

　私が主宰するおやこクラス「星とたんぽぽ」では、会の終わりに香りのよいオイルを子どもたちの手のひらに、ほんの少しずつ置いていきます。

　元気いっぱいの子どもたちも、この時間は膝を揃えて座り、両手を受ける形にして、オイルの雫を楽しみに待っています。

　　　すべすべ　しゅっしゅ　わたしのて。
　　　あったかい　あったかいわたしのおてて。

　そんな詩を口ずさみながら、左手は右手で、右手は左手でオイルをすりこみ、指先までやさしくなでて慈しみます。

　道具であり、あたたかさとまごころを与える役割をもった「手」を、自分で大切にするのです。

　静かに両手のひらの香りを吸い込むと、その場所はその子の体温とあいまって、とてもいい香りがします。

　子どもたちは、その香りに、とても満足します。

私は、子育てを通して、シュタイナー教育に出会い、いくつかのシュタイナー幼稚園を親としても保育士としても体験したのち、0歳から3歳のおやこクラスの講師を、担当させていただく機会に恵まれました。

　この本は、教育のメソッドというより、そうした経験から学んだ子どもとの暮らしを豊かに楽しむヒントを綴りました。

　手仕事に失敗はありません。なぜなら、たった1つのお手本を目指すことが目的ではないからです。自分の手で美しいものを生み出すこと、自然とのつながりの中に美しさを見出すこと、それは人生を豊かにします。生活に必要なものを工夫して作りだせること、それは生きる力そのものです。

　子育て中の皆さんが、歓びを持って手を動かし、それぞれのおやこの時間を楽しんでいただけたら、こんなに嬉しいことはありません。

土田亜紀

~イラストページの活用方法~

章扉にある2次元コードを読み取ると、各章の右ページがカラーイラストで見られます。お子さんとご一緒にカラーイラストでご覧になりたい時は、電子機器ではなく、ぜひプリントアウトしてお楽しみください。

Contents

はじめに	3
シュタイナー教育と手仕事	10

1章　自然界は宝箱　17

お散歩しましょう	18
自分で作るつみき	20
身近な枝で手作り	26
リリアンで何作ろう?	28
健康を願うおまもり	30
糸から布へ	32
楽しいひも作り	34
木漏れ日を呼ぶモビール	36
木の実集めは宝探し	38
どんぐりペンダント	40
葉っぱ屋さん始まります	42
ろうそくの時間	44

夏至の日には……	46
石のお話	48
羊毛フェルト	50
聞いてごらん海の音	52
Column 1　ここにいるよ	54

2章　色の魔法 — 55

お絵描きが好き	56
蜜蠟クレヨン	58
光の色で描きましょう	60
パステルでこすり絵	62
和紙で染め紙	64
シルクを染める	66
キッチンでできる草木染め	68
Column 2　雨色散歩	70

3章　お台所はあったかい匂い — 71

こころとからだの栄養	72

収穫感謝祭のスープ	74
おやつとリズム	76
パンが焼けた！	78
まあるいお団子	80
おやつに雑穀おかゆ	82
お日様とおやつの時間	84
普段着のおやつ	86
ひんやり豆腐ムース	88
氷屋さん	90
遊び心いっぱいのパイ	92
セントニコラスの日	94
冬至の小豆かぼちゃ	96
養生おやつ	98
子どもに見せたい台所仕事	100
Column 3 落ちつきをもたらす手仕事	102

4章 ネイチャーコーナーと季節のめぐり

103

春のテーブル	104
夏のテーブル	106

実りのテーブル	108
アドベントのテーブル	110
季節の祝祭	112
お誕生日のお祝い	114
お正月	116
雛祭り	118
端午の節句	120
七夕	122
お月見	124
秋風リース	126
ランタンウォーク	128
ステンドグラス	130
トランスパレントの星	132
Column　おやすみの時に	134

5章　すこやかに育つ環境作り　135

自然素材を子どもの暮らしに	136
やさしい光に包まれて	138
私のお家	140

生活のリズム	142
はじめの一歩	144
たっぷりと子ども時間	146
触れることは最初の言葉	148
星とたんぽぽのこと	150
おわりに	156

［ブックデザイン］
小守いつみ
（HON DESIGN）

［編集］
林 聡子

シュタイナー教育と
手仕事

　シュタイナー学校では、手仕事を大切にしています。週に一度、手仕事専科の先生による授業があり、心身の成長に合わせて変化する課題に取り組み、必要となる力を育みます。

　手を使うこと。それは人間だからできることです。

　自然素材の美しさに触れながら、必要なものを創り出す過程を通して、創造性や自己表現力が育まれ、論理性、意志が育っていきます。一目一目編む、一針一針縫う、やり直す……といったことは、集中力も忍耐力も要しますが、手仕事から得られる達成感や歓びは、自分への信頼に繋がります。

　手仕事は自分の手で人生を創り出す基盤となる、大切な教育の一環なのです。

1　シュタイナー教育とは

　シュタイナー教育は、オーストリア領ハンガリーで生まれ、ドイツを中心に活動した哲学博士・思想家ルドルフ・シュタイナー（1861-1925）の提唱する人間観、世界観に基づいた教育です。
　その深い思想は、芸術、農業、医学、建築、社会学など、多くの分野にも影響を与えています。

　最初のシュタイナー学校が開校し100年以上経った現在は、世界に1251校、幼稚園は1915園＊を超える拡がりを見せています。
　自己と一致し、自分らしく生きる「思考・感情・意志の調和がとれた自立した人間」を育てることを目指したホリスティックなカリキュラムは、発達段階に沿った感覚や体験を大切にし、全教科が教育芸術の観点から行われています。

＊日本シュタイナー学校協会サイト
　「Walrorf World list 2021」より

2　7年ごとの成長の節目

　人はどのようにして成長し、健やかな自我の育ちには何が必要なのでしょうか。
　シュタイナーは、人間の成長には7年という周期があると教えてくれます。それぞれの7年間に、普遍的な発達の順序と課題があります。

- 第一7年期…0歳から7歳　【からだ】意志を育てる
- 第二7年期…7歳から14歳　【こころ】感情を育てる
- 第三7年期…14歳から21歳　【あたま】思考を育てる

　自らの頭で考え、こころで感じ、自らの意志で行動できるバランスがとれた自立した「真に自由な人間」に成長していくことを目指しています。

◆［0～7歳］世界は善である

模倣と手本

　幼い子どもは、環境と一体です。周りの大人の模倣をし、自ら行動することで意志が育ち、経験を通して世界を学びます。

　愛情と喜びのある環境といきいきとした感覚体験、繰り返しのある生活リズムは、その子自身が生涯住まう健やかなからだを作ります。早期教育は、まだ眠っている力を無理に目覚めさせることになります。

　想像力を刺激する素朴なおもちゃは、脳の形成を促します。からだを使い、存分に遊びこんだ経験は、将来の力になります。

◆［7～14歳］世界は美しい

権威者への憧れ・恭順

　「こんな人になりたい」と、見上げる存在への畏敬の気持ちを育てたい時期です。感情やイメージする力も豊かになり、自然、音楽、絵画、芸術に触れ心を動かすことで、感情に奥行きが生まれ、美しさへの感覚も磨かれます。

◆［14～21歳］世界は真である

道徳と理想

　抽象的・論理的思考が育ち、自己を探求する時期。

　社会への関心や問いが深まり、1歩外へ踏み出し、さまざまな立場の人や考えに出会います。理想や真実を求めて、思考や判断力を鍛錬します。

3　手仕事の授業から

　子どもが、小学1年生の時のことです。手仕事の授業で、刈ったばかりの羊さんの毛一塊を、せっけん水で洗い、動物の脂を落として藍で染めたものを持って帰ってきました。
　それを紡いで毛糸にし、木の棒をやすって磨き2本の編み針を作りました。自分の手にあった道具を用意し、羊毛を時間をかけて毛糸にしていく工程には、かけた時間の分だけ、行為の意味が込められています。そこにはいのちあるものからいただいた、素材への「礼儀」も感じられました。
　おやこクラスでも何ができあがるかは、工程を見て味わえるよう、子どもたちには先に伝えません。この本でご紹介するクラフトは、まず大人が楽しんで手を動かしてみてください。
　「何だろう？　やってみたい！」と、お子さんが傍らに寄り添ってきたら、ぜひいっしょに楽しんでください。

4　私の手を見てみると

　手仕事と言うと、「手芸、苦手なのよね」「日曜大工、あんまりやらないですね」とおっしゃる親御さんもたくさんいらっしゃいます。
　何か特別なことと構えてしまいがちですが、よく考えると私たちは、日常生活の中で手を休みなく働かせています。きっと、家族のために料理を作ったり、洗濯ものを干してたたんだり、掃いたり、絞ったりしていることでしょう。
　その一つひとつを意識して見ると、「私はこんな風に手を動かしているんだな」と再確認できるはずです。
　働く手をじっと見ていたり、感じていたりする子どもがいたら、"手の可能性"をたくさん見せてあげてください。ご自身でも、その手の可能性に驚くかもしれませんよ。そして手のひらでお話しするように、お子さんの手をきゅっとつないであげてください。

5　手仕事で見守り

　シュタイナー幼稚園の先生は、自由遊びの時間に子どもたちが遊んでいる様子を見守っているだけでなく、手仕事をしています。子どもたちが手仕事で使うフェルトや布を切って用意をしたり、古くなったかごやおもちゃの修理をしたりすることもあります。
　助手の先生はおやつの準備をし、お手伝いしたい子は手を洗いエプロンをつけます。
　大人が仕事をしている姿を見せることや、何かが出来上がるプロセスを見ることで、子どもの生活時間がいきいきとします。
　早く遊んであげなくちゃと、焦らなくても大丈夫です。洗濯ものをたたんだり、床や棚を拭いたりすることは、子どもの近くでもできます。お台所では、小さな子どもはお玉やボウル、計量スプーンを持つだけで、お手伝いしている気分になれます。

1章
自然界は宝箱

二次元コードを読み取れば、1章の右ページが
スマートフォンやタブレットからカラーイラストで見
られます。A4サイズでプリントアウトもできます。

お散歩しましょう

1章　自然界は宝箱

　お散歩の時間が与えてくれる豊かさを、子育てをされている皆さんに繰り返しお話ししています。

　歩き始めた子どもは、自分の足で大地を踏みしめて歩くことが純粋に嬉しくてたまりません。人生の歩みが始まったのです。親はその姿を、励ましながら見守ります。それは子育ての基本姿勢です。

　この誰にも訪れる偉大な出来事の先に、未知なる世界が輝いて手招きをしています。初めて出会う光の色、雨上がりの匂い、でこぼこの道、音を立てて飛び立つ鳥の一群、花びらの柔らかさ。

　その一つひとつに目をみはったり、手を伸ばして触ったりしながら「初めまして」の挨拶を交わしていく体験が、感覚の目覚めに働きかけます。子どもたちは、その出会いを楽しんでいると思ってみると、お外に行くのが嬉しくてたまらない理由が分かりますね。

　子育て中の大人にとっても、お散歩時間はリフレッシュの時。お家の近くにゆっくりと安全に歩ける場所をぜひ見つけましょう。

　荷物やついでの用事はおいておき、空や雲、遠くの夕日に目を向けて深呼吸してみてください。都会の中でも、季節や自然を味わうことでみずみずしいセンスや感性が満たされていきます。

　小さい人と、私。同じ世界に生きている喜び。子育てに必要な感性は、そんなところからも磨かれていくのです。

春のなぞなぞ なーんだ?

そよそよ、そよ
なーんだ?
あったかい風

ひらひら、ひら
なーんだ?
もんしろちょう

くんくんくん
なーんだ?
おはなのいい匂い

赤いコートで飛んでいく
まーるいおちびさん
だーれだ?
てんとうむし!

ふわふわふわ
なーんだ?
たんぽぽわたげ

おおあたり

自分で作るつみき

1章 自然界は宝箱

　この上なくシンプルで、手を使うことの本質を感じる手仕事のひとつに、「お山のつみき」があります。秋に剪定した枝を乾かし、つみきの大きさに切っていきます。太いものはのこぎりで、細い枝は手のこで切ります。切った断面を紙やすりですべらかにして、蜜蝋ワックスを塗りこめば、美しい木目が浮き上がります。

　工程はこれだけですが、作業しながらイメージするのが大切な準備です。より深い手仕事になり、子どもに伝わるものがまったく違ってくるのです。

　子どもたちはこの素朴なお山のつみきで、まるで大きな木が枝葉を拡げるように、どんどん遊びの世界を広げていきます。

　つみきは、汽車になったり、焼き芋やお弁当箱の中の海苔巻きになったりします。長い枝は、空飛ぶ自転車や橋になることも。積み上げて遊ぶ子は、とても慎重です。成形されたブロックとは違い、有機的な形を積みながら、自分の内部でバランスを取る必要があるからです。

　子どもたちの感性は、目に見えない内側にあるものを感じ取ります。この木片がいのちの歴史を持っていることを、受けとるのです。

　おもちゃを手作りすることは、機械的な大量生産と対極です。どうぞ、触って感じてみてください。「この木はどんな森で育ったのだろう」。木の物語を、子どものように感じるところから始めましょう！

お山のつみき

彫刻刀やのみで、
くぼみを掘ってみても
よいですね。

> **材料**

● 枝（乾燥したもの）　● 紙やすり　● 蜜蠟ワックス

❶ 枝をのこぎりで、好みの大きさに切る。
❷ 紙やすりをかけ、すべすべにする。
❸ 蜜蠟ワックスを布にとり、よくすりこむ。

大きな樹の物語

むかし　私は大きな一本の樹だった。
春には　白い花が咲いて、小鳥が巣をかけて
たくさんの雛たちが口を開けて　お母さん鳥のご飯を待っていた。
あたたかいお日様が　やわらかい葉っぱのすべてにほほえんでいた。

夏に　私のからだは空いっぱいに拡がる。
枝の先まで　トクトクと
甘い樹液が行ったり来たりする。
一段と濃くなるばかりの　緑のころもはなんと心地いい。

秋になると　真っ赤な実をつけた。
若い恋人たちは　私にもたれて教会の鐘の音を聞き　愛を語らった。
黄金色の乾いた葉っぱは次々に　風にのって旅にでる。
さようなら　さようなら　また来年！

ある日。
空がいちめん暗くなり　たいへんな大風と大雨がやって来た。
ばらばらびゅうびゅういう　嵐の声で　鐘の音も聞こえなくなった。
幾日も幾日も、聞こえなかったんだ。

私の枝は　向こうにこちらに　大きくしなって
ついには折れてとうとう吹き飛ばされてしまった。

ようやく　お日様があらわれた。
ひときわ静かな日曜日。
ゆっくり目を覚ますと　丘の向こうの赤い屋根の家から
毛糸の帽子をかぶった小さなぼうやがやって来るのが見えた。

お父さんも　お母さんもやって来た。
吹き飛ばされた私の枝たちをすっかり拾い集めると
手押し車に乗せてくれた。
白い柵のある庭先で私は
お日様の光をあびて休息することができた。

23

1章 自然界は宝箱

　　　　ある冬の　よく晴れた午後のこと。
　　　お父さんが私の枝を丁寧に切っていった。
　　　ささくれや傷はきれいにやすられた。
　　　そのかたわらでお母さんとぼうやは
　　いいにおいの蜜蝋をすりこみ、やさしく磨きをかけてくれる。
　　　　どうだろう　なんてぴかぴか　すべすべだ！

　　　　大きな私は　いくつかの小さな私となった。

　　　　　子ども部屋が新しい私の家だ。
　ときに　私は機関車や車になった。連結したり　すれ違ったり
　　トンネルをくぐったり。ぼうやの部屋中を走り回る。
　　　　積み上げられて高い塔にもなる。

　　ときに　美味しい林檎ジュースや　熱いコーヒーを
　　　　　　たたえたカップになった。
　　ほくほく焼けたおいもにも　ニンジンにもなって
　　　　ままごとのお店屋さんにならぶ。

ぼうやは運転手や機関車そのものにだってなれるし
大工やお母さんにもなれるのだ。

むかし 私は大きな一本の樹だった。
光の中で手をひろげ つめたい朝霧をまとった。
夜になると大きな月と小さな星々が
たくさんの物語をささやいてくれた。
ひと夏は虫たちに住処を与え
大地から水と栄養をもらい
羊雲と友達だった。

小さくなった私の中に
すべての想い出は 消えることがない。
ぼうやは そのすべてを その手の中で
きっと知っているに違いない。

身近な枝で手作り

♪小さなこびと、向こうに見えるお家に住んでいた
毎日縫い物をして、靴を作ります♪

　シュタイナー幼稚園の手遊び歌に登場するこびとさんは、働き者です。山の奥深くできれいな石を掘り出していたり、靴を作っていたりするのです。
　目には見えないけれど、せっせと楽しそうに動き回り、自然界の営みの端々で活動している存在です。

　現代の生活は日々のせわしなさに流されて、うっかりしていると子どもたちを自然から引き離してしまいます。
　自然破壊や環境汚染について世界中が何とかしなければと叫びつつ、解決に至る道はいまだ遠そうです。しかし、子どもが健康に成長するためには、自然界と触れあい、感じる力を育てることは欠かせません。
　大人以上に子どもが環境から取り込むものは多いのですから。

　身近な木の枝をほんの少し削り、こびとさんを作りましょう。色とりどりのとんがり帽子をかぶせると個性が引き立って愛らしいのです。
　何とも表情豊かなこびとたちに小さな自然を感じて、深い森の秘密のお話を聞かせてもらいましょう。

枝のこびとを作ろう

小枝は鼻にすると、
いい表情に!

作り方

1. 直径3cmくらいの枝を手のこで、長さ7cmに切る。
2. 顔を小刀で削る(小刀を使える子は自分で削ってみても)。
3. 紙やすりで切り口や顔をやすり、蜜蠟ワックスをかける。
4. 羊毛でひげを作り、木工用ボンドで顔の周りにつける。
5. 絵を参考に、フェルトを枝の太さに合わせて切り 後ろで縫い合わせる。
6. ⑤を④に、ボンドで止めつけてかぶせる。

リリアンで何作ろう?

　シュタイナー幼稚園と学校では、手を動かして実用にかなう美しいものをたくさん作ります。

　成長段階にふさわしい課題を丁寧に仕上げることで、自分のからだを意識的に動かし、感覚に目覚めを与えます。そのため、目にも手にもこころにも触れる「素材」は、本物の自然素材を使います。

　手仕事を通し、「必要なものは自分で生み出していくことができる」という自信が育まれていくことは、本当に素晴らしいことです。

　リリアンは女の子の遊びというイメージがありますが、手仕事に性別はありません。どことなく詩的な響きを持つリリアン。素朴でシンプルな道具を作ってみましょう。

　二股に分れた枝のYの字を手の大きさに合わせて、持ちやすい長さに切ります。分れている枝先は毛糸をかけていくので、じょじょに細くなるように削り、紙やすりですべすべにします。毛糸がかけにくい時は、削り直せばよいのです。道具も自分で作るからこそ、工夫の余地もたくさんある自分だけのオーダーメイドになるのです。

　左の枝に毛糸をくるりとかけて、また右の枝にくるり。1段目の毛糸を下から上のわっかにかぶせて、まん中から編まれた糸を引っ張ります。レムニスカートのようなリズミカルな動きと、一目ごとに紐が編まれて長くなっていくおもしろさを体験したら、次は何を作りましょう?

1章　自然界は宝箱

木の枝リリアン

❶ 太さ1cm程のY字の枝を、持ちやすい長さに切る。
❷ Y字の先は4cmくらいに切り、毛糸がすべりやすいように細く削る。
❸ 紙やすりでやすり、蜜蠟ワックスをかける。
❹ 絵のようにY字の真ん中から、1、2、3、4と8の字に、極太毛糸を2段かける。
❺ イラストの2のわっかを4にかぶせ、1のわっかを3にかぶせてはずす。★を引き出すと、紐ができてくる。
❻ さらに毛糸を8の字にかけ、④⑤を繰り返す。

❼ 繰り返し、どんどん長く編む。

長く編めたらくるくる巻いて、糸で縫いあわせ、コースターを作ってみましょう。

健康を願うおまもり

　たった二本の細い枝と何色かの余り毛糸。それだけで、誰もが惹き込まれていく"ゴッズアイ"が作れます。
　「神の目」と呼ばれるはたおりは、もともと南米やネイティブインディアンに伝わる伝統的なおまもりです。
　毛糸を掛けていく四方の枝は、地・水・火・風を意味しており、宗教的な祭事に奉納したり、お祝いや縁起物として贈られるものでした。中心の目は「未知のものを見通す力」をあらわすと言われ、子どもが生まれると織り始めて、5歳になるまで毎年、子どもの健康を願い色を織り足していったそうです。

　カラフルな織飾りの由来に、7歳までは神のうちと考える日本の七五三が思い浮かびます。授かった赤ん坊が神様のもとに帰ることなく、どうか健康に育ちますようにと、親の思いは共通していますね。
　そっと抱き上げた柔らかな赤ちゃんは、やがて自分の足で立ちあがり、1歩を踏み出し、お話を始めます。節目である7歳前後に、永久歯が乳歯を押し上げます。硬い乳歯が抜けることは、ようやくからだの基礎を作っていた形成力の働きが一段落したサインとなります。

　子どもの隣で、いっしょにくるり、くるり、きれいな毛糸を掛けていきます。お母さんの祈りは、どんな色合いになるでしょうか。
　完成したらぜひ、2つ並べて飾ってみてください。

くるくる
ゴッズアイ

❶ 15cm程の細い枝を2本用意し、紙やすりと蜜蠟ワックスをかける。

❷ 枝の真ん中を十字にあて、毛糸をたすき掛けのように5回ずつきつくクロスさせ結ぶ。

❸ 中心から、1の枝に毛糸を巻いたら枝を90度回転させ2の枝、さらに3の枝、4の枝に巻いては回転を繰り返す。

❹ 色を変える時は後ろ側で片結びをし、また巻いていく。

糸をつけて、つるしても素敵。

糸から布へ

　自分の手とからだを使って、想像したものを形にする。その達成感と充実感は、ゲームよりも子どもたちを夢中にすることでしょう。
　はたおりは、ぴんとに張った縦糸に、横糸を上・下・上・下とくぐらせたら、二段目は下・上・下・上で帰ります。Uターンのところで間違えないように、慣れるまでは気をつけます。色を変えながら糸を通していくと、糸は面となり、やがてそれは一枚の織布となります。
　きれいに織れたら、枠から外して、マットやお人形のベッドに。半分に折って縫い、紐をつけるとポシェットも作れますよ。実用品ができた嬉しさは、子どもの大きな自信につながります。

　シュタイナー幼稚園ではシンプルな織枠を使いますが、身近な木の枝をはたおりのフレームにしてみると、どんな色合いの織物もとても引き立ち、そのまま飾るだけでもあたたかさがあふれます。
　糸は、純毛の極太毛糸や細くした羊毛を使います。使いやすい長さにくるくると巻いて、かごの中に入れましょう。こうすると色とりどりの花束のようで、次に使う糸を選ぶのも楽しいのです。

　はたおりは、頭と目と、手とリズム、引っ張りすぎない力加減などからだ全体を使います。色が感性を育て、織りあげる根気も育ちます。自分で作ったポシェットを掛けて誇らしく、また一段成長する準備完了です。

木の枝はたおり

Y字の枝で作っても、素敵な飾りに。羊毛を横糸にしてもいい。

材料
- 枝（太さ1.5cmの乾燥したまっすぐなもの）…4本
- 毛糸（ウール極太）
- たこ糸 ● 毛糸針 ● 短釘…8本

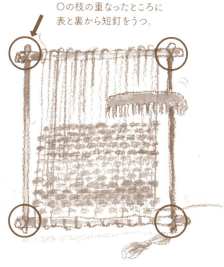

○の枝の重なったところに表と裏から短釘をうつ。

❶ 枝にやすりをかけ、蜜蠟ワックスをすりこむ。

❷ 絵のように四角に組んで、重ねたところに、表と裏から1本ずつ短釘をうつ。

❸ たこ糸を上枝の左で結んで、下枝、上枝の順に、重ならないように5mm幅で右に向かってきつく巻いて縦糸をはる。

❹ 横糸を通す。毛糸針に毛糸を通して、端を15cmくらい残して縦糸を一本おきにすくう。

❺ 2段目は、前の段ですくっていない縦糸を1本おきにすくう。時々、くしで目をそろえ、毛糸を変える時は少し前の糸に重ねながら織る。

❻ 枠から外す時は、縦糸をひとつずつ切って結ぶ。2つに折り、脇を縫い、持ち手の毛糸をつけたらポシェットに。

楽しいひも作り

　お散歩で集めた宝物を手のひらに乗せて見つめていると、自然の生み出す造形の美しさや多様性、その形に潜む必然性と動植物の完璧さに、「神様にしか作れないよね……」とため息がもれます。

　自然界からの数々の贈り物をよく見て、感謝をしつつ磨いたり、編んだり、染めたりと手を加えると、それは小さな芸術になります。

　手の中のあたたかい熱が伝わり、そのいのちが蘇るようです。

　自然素材のクラフトにぴったりの、きれいなひも"ねじねじひも"を手作りしてみましょう。プレゼントを贈る時に、ねじねじひもで結んでも素敵です。

　ねじねじひもはこよって作りますが、「こよる」という言葉を、最近はあまり聞かなくなりました。なかなか指先を擦り合わせられない大人の人もいらっしゃいます。

　ふたりで作る工程はシンプルで楽しいので、「ここを持っててね」とお手伝いをしてもらいましょう。

　材料は、毛糸はウール100%、綿糸もコットン100%のものを使います。ウールは羊から、コットンは綿花からいただいたもので、どちらもいのちを感じる素材です。

　慣れたら、うんと長いひもも作ってみましょう。

1章　自然界は宝箱

ねじねじひも

← ひっかける

ねじねじ

2色ねじねじにする場合は、2色の糸を結んで作ります。

❶ ウール毛糸を2本そろえて、長く切る。半分に折ったところを、誰かに持ってもらうか、イスなどにかける。

❷ 両手の指でねじねじと、こよっていく。

もっててね

❸ 最後まで固くよれたら、片手でぴーんともったまま、真ん中から半分に折り、端を持ってもらいます。

❹ 真ん中を持っている手を放すと、こよった糸同士がねじりながら合わさる。

❺ 指でならして一本のひもにする。

木漏れ日を呼ぶモビール

　子どもたちは絵本ではなく、「素話」という語り聞かせにひたることで、自身のイメージをこころの目で追っています。

　昔話によく出てくる「森」。
　主人公は森の奥に入っていき、そこからお話が展開します。森で待っているものは、オオカミにトロル、お花畑に、鏡のような湖です。高い塔のある古いお城、そこに住むお姫様、不思議なおばあさんなど、シンボリックなモチーフもたくさん登場します。

　お話の中で起こることは、地上に流れている時間の中で起こることとは違います。まるで夢から覚めるようにお話の時間は終わり、聴いていた子どもたちは、ほおっとため息をついています。

　語り継がれた昔話の持つ力が深い記憶にタッチしているのではないかと思えるほど、子どもたちはこころに映る絵物語にひたっています。

　昔話では、主人公が、勇気を持って人生のように深淵で不思議に満ちた森に分け入り、傷や病を乗り越える力をいろいろな存在に授けてもらうという場面があります。
　森には人を癒す力があるのかもしれません。
　落ち葉を集めたら、お家に森の木漏れ日を呼ぶモビールを作りましょう。ゆらゆら揺れるモビールを、森からの風の通り道につるしてください。

森のモビール

材料 ● 葉や実（森で拾った） ● 細い枝 ● 金色の糸

真ん中にガラスのビーズをさげると キラキラします。

① 葉を紙に挟んで、押し葉する。
② 金色の糸に葉や実を、ボンドやテープで止めたり、結んだりしてつなげる。
③ 細い枝の両はしに作ったモチーフを結び、ボンドでとめる。これを2組か、3組作る。
④ いちばん長い枝に、③を重たいものを下にしてバランスよくつるす。

木の実集めは宝探し

　くるみ、松ぼっくり、栃の実、どんぐり、むくろじ……。これらは、シュタイナー幼稚園の保育室にある定番のおもちゃです。
　ひとつとして同じものはない木の実は、多様性に富んでいます。
　おままごとやレストランごっこのご馳走やお金に、コーヒー豆にと、子どもたちが手に取らない日は1日もありません。

　ある日、おやこクラスにやってきたお母さんが、松ぼっくりを手にして、不思議そうにどこで売っているのかを聞いてこられました。
　大人目線の生活の中で、足元に落ちる木の実に気づく機会はないのかもしれません。

　栃の実が落ちる9月半ば、いつもの公園にかごを持ってお母さんと子どもたちがやって来ました。大きなゴロンとした実が、昨日の雨であちこちに落ちています。木の実は種、成長の力を秘めています。少しがさがさとした感触の厚みのある殻をむいていくと、中からぴかぴか光る栃の実の赤ちゃんがあらわれました！　そんな驚きの瞬間をいっしょに味わえる木の実集めは、まるで宝探しです。
　古い邸宅の門の前に転がり落ちた松ぼっくりや、駐車場のマテバシイの下のどんぐり、郊外では硬い山くるみが道の端に落ちているかもしれません。街の中でも子どもたちは、自然に惹かれ、ポケットを素敵な遊び仲間でいっぱいにするでしょう。

木の実拾い

風の吹いた次の日は、
木の実がたくさん
落ちてるよ。

木の実は洗って
冷凍すると虫がでません。

羊毛できれいに
磨きましょう。

どんぐりペンダント

　木の実の名前をひとつ、と問われたら私を含め多くの人が「どんぐり」と答えるのではないでしょうか？

　幼いころ、遠足で初めてどんぐり拾いをしました。小鹿のようなつやつやの茶色の美しさ、小さな緑がかった帽子の可愛らしさ、揃った形の均一さに驚いて、こんなに素敵なものを落としてくれる大きな木をずっと見上げていたことを覚えています。

　幼い私と同じように、子どもたちは言葉にならない感動をからだに丸ごと響かせています。

　自然への親しみを与えてくれる友達、どんぐり。

　どんぐりだけで1冊の図鑑があるほどたくさんの種類がありますが、図鑑を見るのは、丸ごとの体験を存分にした後にしましょう。

　スウェーデンの作家、エルサ・ベスコフの絵本『どんぐりぼうやのぼうけん』(訳・石井登志子、童話館出版) は、かしわの木に住むどんぐりの兄弟が妖精やトロルに出会いながら冒険をする楽しいお話です。子どもの体験を塗りつぶさず、豊かにする良質なファンタジーは、子どもと自然の懸け橋となります。

　歌いながらどんぐりを糸に通して、子どもによく似合う可愛らしいペンダントを作りましょう。

　きっと、「どんぐりころころ……」と歌いたくなりますよ。

ピンをつけて
どんぐりブローチも！

どんぐりころころペンダント

❶ 羊毛のかたまりから、10cmほどさきとる。

❷ ①を端からきつく巻く。

❼ どんぐりのはかまに小さな穴をあけ、ビーズを止めにして糸を通しネックレスに。ピンをつければ、ブローチに。

❸ 少しまとまったら手のひらに置き、同じ方向に巻ききる。

広すぎる

ちょうどよい

❻ ボール状になったら、泡がなくなるまで水の中ですすいで、タオルでそっと水をすいとる。

❺ やや熱めのお湯にせっけんを入れ、手の中に④を包んでひたし、つぶさないように手のひらで転がす。

❹ ボール状になるよう、次の羊毛を別の方向から巻く。楕円にならないよう、ボールの幅に合わせて巻く。

葉っぱ屋さん始まります

はっぱのぼうしに　かんむりに。
ネックレスや　かざりものもございます。
葉っぱ屋さんが始まります。

　学校の帰り道、子どもたちとはらりと落ち始めた街路樹や公園の葉っぱを拾っては、玄関に置いた箱の中に入れ、厚い本にも挟んでいきました。時々、木の実や蔓も混ざっています。

　雨の日やお友達が遊びに来た日は、葉っぱの箱が楽しいおもちゃ箱になりました。色も形もさまざまなたくさんの葉っぱをテーブルに広げ、葉っぱ屋さんが始まりました。
　「おっきいのくださいな」「はーい」「赤いのと黄色いのもください。まあるいのも3枚、どんぐりも1こおねがいします」

　大人が何かを教えようとする知育的な意図のない、子どもの世界の自然発生的な遊びです。特別なおもちゃがなくても、自由に使える素朴な素材がそこにあれば、どんどん遊びが拡がっていきます。
　使い方が決まったおもちゃは、自分から創造的に働きかける余地がないので、初めこそ魅力的ですが飽きてしまうのも早いのです。
　毛糸や細い枝を通してネックレスや飾りを作ったり、のりではりあわせたり、葉っぱ屋さんに素敵なものが並び始めました。親は主導せず、お願いされた時のみのお手伝いに徹しましょう！

ろうそくの時間

♪ろうそくの　ひかり　わたしのこころにともれ…

　おやこクラスの終わりに、静かな短い歌と共に、ろうそくに火を灯して、小さなお祈りの時間を持っています。

　よい香りの蜜蝋ろうそくに、シュッとマッチを擦り、火を灯す瞬間をじっと見守る子どもたち。
　初めての時には、「あ、ばあすでいだぁ」とワクワクする子、フゥ〜と吹き消す仕草をする子もいます。
　私が束の間、自分の呼吸を感じながら静かに揺らいでいる炎を見つめていると、沸き上がった好奇心ごと、いつの間にか明るく澄んだ静かな空気に包まれていきます。張りつめていない穏やかな緊張感が、子どもたちの横顔に浮かびます。

　ろうそくの火を見つめる子どもたちの仕草は、まるで耳を澄まして、ほんわりと「光を聴いている」かのようです。
　無心で「聴いている」時、私たちの内側に安らかでやさしい静けさが訪れます。
　忙しい子育ての日々。そんな1日の終わりにこそ、お子さんとごいっしょに、あたたかく広がる小さな光に包まれてみませんか。
　「明日もまた、穏やかで楽しい1日になりますように」
　そっと火を消して、おやすみなさい。

材料

- 木の板（直径10cmくらい）
- 木の実や水晶などの天然石
- くるみと枝（磨いたもの）

ろうそく立てと　ろうそく消し

〈ろうそく立て〉

① 紙やすりで磨いた木の板に、ボンドで木の実などをぐるりとつける。
② ろうそく用の接着剤をつけて、ろうそくを立てる。

〈ろうそく消し〉

くるみは半分に割り、中身を出して紙やすりできれいにする。枝をボンドでつける。

水晶は接着せずに木の実の間に置きます。

ろうそく用の接着剤もあります。

お家の人へ

木の実は火がうつらないよう、小さなものを。ろうそくは小さくなったら、とりかえてください。

夏至の日には……

　1年のうちでもっとも昼が長い、夏至の日。ヨーロッパでは、古くからの風習の夏至祭りが行われます。太陽の輝きや恵みをたたえて、大きなかがり火を囲み、花冠をかぶって踊ったり、水に薬草や花を浮かべて健康を祈ったり、短い夏を楽しみます。
　オトギリソウが有名ですが、夏至の日に摘んだ薬草は、人を癒す力がとても強いとも言われています。

　夏至のころは、蜜蜂やちょうが飛び回り、大地からは熱を帯びた大気が揺らめいて、思考的な活動よりも、こころが浮き立つように外へ外へと明るい陽射しのもとへと誘われるような季節ですね。
　シェイクスピアの『真夏の夜の夢』は、まさに夏至の夜のお話。
　地水火風の精霊、自然界の力が活発に働く日とも言われています。

　お散歩の道で、野の花を大切そうに摘んでいるお花が大好きな子どもたちに、妖精たちの花まつりの道案内をしてもらいませんか？　そう、花まつりのお話は、夏至の日の物語です。
　よく見てみると、ビヨウヤナギや姫ひまわりは黄色いドレス、バラはふっくらピンクのドレスを着ているよう。ブルーベリーの坊やたちもお待ちかねです。ホタルブクロはやさしい表情でうつむきます。
　一輪ずつ蜜蝋粘土を貼った特別な花瓶にさしてあげましょう。かえるやカタツムリもやって来て、きっと楽しい歌を歌ってくれますよ！

妖精たちの花まつり

材料
- 蜜蠟粘土
- 小さな巻貝
- 黒い実
  （または黒いビーズ）

かえる
1. 四角にした蜜蠟粘土をゆっくり折って、三角にする。
2. 両端を内側に折り、かえるらしくする。
3. 目の位置に、黒い実をつける。

花瓶
手のひらで温めて、指で薄くのばした蜜蠟粘土を、手で好みの形にして瓶にはっていく。

かたつむり
1. ピンクの蜜蠟粘土を平たくのばし、触角を引き出す。
2. ①に巻貝を乗せる。

蜜蠟粘土は、蜜のいい香りもします。

石のお話

　わけもなく惹かれて、ふとひとつの石ころを拾い、手のひらに乗せたことはありませんか？　握りしめると冷たい石に、すーっと体温が浸透していきます。

　遥かな年月、大地のかけらであった石には不思議なエネルギーがひそんでいるような気がして、手に取ったいくつかのうちひとつだけをポケットにいただいて、そっと拾った場所に返して帰りました。

　川の清流に沈んでいた石は、滑らかで平たく、先が刃物のように水で削られて薄くなっています。砂浜に打ち上げられた海の石は、波に洗われ転がされて、小さなごま塩のおにぎりのようです。

　石などの鉱物、植物、動物、私たち人間が暮らす地球。子どもたちが、大人よりもずっと地面に近い視線で、熱心に見つめたり戯れたりしているものは、長い年月をかけてそこに暮らしているものです。

　石、草花、ふわふわの苔、小さな貝のかけら、トンネルから顔をだすアリなど、小さくとも大いなる自然界の仲間たちです。

　子どもが何かに夢中になっていたら、急がず、せかさず、声をかけず、ただ関心を持って見守ってあげてください。川や海に出かける時も、たっぷりと味わう時間をとりましょう。

　物言わぬ静かな石は、自然の歴史をそれぞれの形にとどめ、子どもたちの手の中で温められています。

石で作る
ペーパーウエイト

❶ 好きな石に、薄めに何層か、羊毛を巻く。

❷ ぬるま湯に浸し、せっけんをつけて羊毛がずれないようにさする。

❸ 熱い湯をまんべんなくかける。

羊毛フェルト

　ピチュピチュ、ピピピピと、森の鳥たちのさえずりが賑やかになる朝6時。ベエエー、ベエエーとひときわ大きく聞こえてくるのは、我が家のお隣の草はらに住んでいる羊さんの声です。

　絵本の羊のように、メエメエという可愛らしい声ではありません。大きくて、どっどっどとゆったり柵の角を曲がって来る姿は、かなり野性的です。草や土が絡んだ毛は、真っ白ではなく、脂で固まったり、小さな虫が隠れていたりします。

　暑くなる前に毛刈りをするというので、お手伝いに行きました。1人が1頭の羊をぎゅっと後ろから抱きかかえ、もう1人がバリカンや鋏で刈っていきます。動けない姿勢で、始めはベエエーと啼いていた羊さんは、一時間ほどで山ほどの毛を刈りあげてもらい、涼しくなって急いで草地に降りて行ってしまいました。

　1塊の羊の毛、100％の羊毛ウールをいただいて手に取ると、羊を守るべたべたとした天然の脂が手につき、動物の匂いがします。まだ羊の息づかいや、あたたかさが残っているかのようです。

　せっけん水で洗うと、すぐにさらさらの真っ白いおなじみの羊毛になりました。染めて紡いで、毛糸やフェルトを作ります。

　天然の恵みは、本当に貴重なものです。子どもたちと、あたたかいいのちを感じながら、大切に使っていきたいと心から思います。

フェルトのタペストリー

木の枝につけたら、タペストリーに！

❶ 巻きすの上に、羊毛をうすく横にならべる。

❷ くずれないように手前からきっちり巻き、輪ゴムで止める。

❸ せっけんを溶かしたお湯をスプレーでかけ、ごろごろと10分ほどしごく。

❹ お湯をまんべんなくかけ、せっけんを落とす。

❺ 輪ゴムをはずして開き、じょうろにお湯を入れかける。

❻ タオルに乗せ、水分をとる。

聞いてごらん海の音

　海は、多くのイマジネーションを与えてくれます。太古の昔に、生命は海から誕生したからでしょうか。
　お母さんのお腹の中で赤ちゃんを包む羊水と海水は、ほぼ同じミネラルバランスなのだそうです。あたたかい羊水の中の穏やかに満たされていた時間を、母なる海が想起させるのかも知れません。

　シュタイナー幼稚園のおもちゃの棚には、美しい貝の入ったかごが並んでいます。桜色の小さな貝、薄紫の貝、内側がコーラルピンクの大きな巻貝は、とても人気がありました。
　子どもたちは貝を手に取ると、誰も教えていないのに耳にあてて、「海の響き」を聴いているかのような仕草をするのは不思議です。

　息子が、初めて海に行った日のこと。
　家に帰った息子が、階段を駆け上がり発した第一声は、
　「ねえ、お母さん。海って、海って……、動いているんだよ‼」
　寄せては返す波や月に引かれる干潮満潮は、地球の生命のリズムです。それを"波"と呼ぶとは知らず、ただ"海は生きているのだ"ということを体験した子どもの感性に、胸が熱くなりました。

　貝拾いのひと時は、海からの贈り物です。大人も子どももいっしょに、潮騒に包まれて美しい宝物を探しましょう。

海のこびとと 貝の舟

材料

- フエルト（青系のウール入り）
- 刺繍糸（青）
- 羊毛（白） ● 貝殻

❶ フエルトをわにして半分に折り、絵のように切る。

❷ 絵の上と左の点線のところを縫い、裏返しマントを作る。

❸ 羊毛を十字に置き、3cmくらいの羊毛ボールを真ん中に置く。

❹ ボールをてるてるぼうずのようにくるんで、糸でしばる。

❺ ②のマントに④を入れ、首周りを刺繍糸でなみ縫いしてしぼり、貝殻に乗せる。

column 1

ここにいるよ

　夏も終わりに近づき、すくすく伸びたアオダモの葉は、すでに赤みを帯び始めました。くるくる忙しい目を少し遠くに向けた時「ほら、ここですよ」と季節はさらりと微笑んでいます。

　子どもは明日でも昨日でもなく、いつも「今」に生きています。現代は大人も子どもも忙しく、「子どものための心のエクササイズ」もあるほどです。

　子ども時代は一度しかありません。海で一日潮騒に包まれ砂のあたたかさに足をうずめる、雷に驚きお父さんの背中にしがみつく、ぷっちり大きな葡萄の実を舌に転がす……。そんな体験に浸りたいのです。

　スマホを開いて「それは〇〇アゲハよ」という知識ではなく、子どもには、ちょうを追いかけている「ただここにいるその時」を存分に味わわせてあげたいと思います。

2章
色の魔法

二次元コードを読み取れば、2章の右ページが
スマートフォンやタブレットからカラーイラストで見
られます。A4サイズでプリントアウトもできます。

お絵描きが好き

　子どもたちは、お絵描きが大好きです。絵が苦手だと思う人も、子どものころには握りしめたクレヨンで紙の上に勢いよく線を引いたり、無心にぐるぐると渦巻きを描いたりしたのではないでしょうか。

　その時の衝動は、いったいどこから来たのでしょうか？　「私、ぼく」という意識が生まれる3歳のころ、ぐるりと描いた線の始まりと終わりを閉じ、円を描けるようになります。その中心に自我の誕生をあらわすように、よく十字や点が描かれるのが見られます。

　美術教育家ミヒャエラ・シュトラウスは、なぐり描きや渦巻きから始まる7歳までの幼児の絵に描かれるはしごや木などいくつかのモチーフは、骨格形成や神経、呼吸や体の知覚器官の成長を、無意識に感じ伝える絵言葉であり、民族や時代を越えて全世界共通だと言います。

　著書『子どもの絵ことば』（高橋明男　訳・水声社）を開くと、目には見えない子どもたちの中で働く人間の成長の力が、手の動きを通してほとばしり出ていることが分かります。その絵を見ると、地上に降り人生を始める準備をしている子どもに、いのちの輝きと畏敬の念を感じずにはいられません。

　「ママ、これ、宝石」。娘の描いた一枚の絵は、まっすぐにバランスをとるように描かれた美しい「宝石」でした。それは成長しようとする子どもそのものだと直感したことを憶えています。

2章　色の魔法

子どもたちの絵の世界

蜜蝋クレヨン

　蜜蝋クレヨンをご存じでしょうか？　口にしてしまっても安全な蜜蝋と色素でできた、折れにくいクレヨンです。

　色の質を大切にしているため、発色は美しい透明感があり濁らず、ブロックタイプのものだと形にとらわれず、面でひろびろと塗ることができます。重ね塗りすることで、新しい色も生まれます。

　手や指を育てている最中の幼い子どもが、掴んだり握ったりして描けるシュトックマーの四角いブロッククレヨンはとても特徴的です。細かい描写はできませんが、子どもたちは発達段階に応じてブロックの角を立てて描くなど、大人が教えなくても、色を楽しみ、自分の手でクレヨンという道具を使いこなしていきます。

　頬っぺたを画用紙につけるようにして、お絵描きに浸っている時は、どうぞ声をかけないでください。こころの景色でいきいき遊ぶ、大切な時間です。お手本や対象物を見て描くことは、まだ必要ありません。

　子どもたちは、7歳を過ぎて記憶力が目覚め始め学びの段階に少しずつ移行していくころ、鉛筆持ちで描けるスティッククレヨンも1色ずつもらい、クレヨンケースに大切に収めて使います。

　面で描くことから始めると、輪郭線の中だけを塗るのではなく、色の中から形を見つける、広がりのある思考へとつながっていきます。この違いは、とても大きいのではないかと感じています。

2章　色の魔法

ブロッククレヨンケース作り

> **材料**
> - ウール入りフェルト
> - 刺繍糸
> - ひも
> - ボタン

面で描ける
ブロッククレヨン。
クレヨンケースに入れて、
でかけよう。

ブランケットステッチ

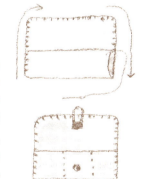

① 一度洗って厚みを出したフェルトを11.5×15cmに切り、ブロッククレヨンを置いて、ポケットの深さを決める。

② 脇とふたの周りを、ブランケットステッチでかがる。

③ 絵のようにふたの内側にボタンひもをつけ、本体にボタンをつける。

④ 3つのクレヨンの仕切りにステッチを入れ、ポケットを作る。

光の色で描きましょう

　私たちはなぜ、色に惹かれるのでしょう。街路樹はしたたるような若葉色を揺らし、紅い夕焼けにたなびく雲は薄紫、宵の蒼さは初夏の色をしています。

　自然の美しさは留めておけませんが、でもそれを見て「わあ、きれいだな」と立ち止まった時、色はこころの中から全身に拡がり、早かった呼吸が穏やかになるのを感じます。

　自然の色は、まるで療法家のようですね。

　私たちのこころ模様にも、色があります。こころは、薔薇色になったり、ブルーになったり、灰色になったりします。色は感情の働きにも似ていますし、十人十色の個性や気質にもあらわれているようです。

　濡らした画用紙に水で溶かした絵の具で描く、「にじみ絵」という技法があります。水彩紙に絵の具を筆で置くと、水ににじんだ色は紙の上にゆっくりと息をするように広がっていきます。

　2色、3色と色を使うと、水の助けによって、色と色の柔らかな動きと美しい響きあいが生まれます。

　「恥ずかしがり屋の青くんが、公園で元気な赤くんに会いました。知りたがり屋の黄色ちゃんがやって来て……」

　小学生になると、描く前に先生がお話してくれることもあります。色にひたり色を感じ、子どもたちの内面もいきいきと動きます。

にじみ絵

材料
- 透明水彩絵の具（赤、青、黄を水で溶く）
- 画用紙（ワトソン紙など水彩用）
- 水彩用平筆

❶ 画用紙を、水をはったバットに数分ひたす。

❷ 水から出し、画板に置き、スポンジで余分な水分を拭き取る。

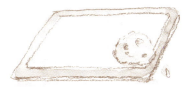

❸ 水彩用平筆に水で溶いた透明水彩絵の具をふくませたら、ゆっくり画用紙に置く。描けたら、画板のまま乾かす。

始めは一色から
じっくりと味わいます。

❹ 色を変える時は、筆を水でよく洗い、布でふいて、新しい色をつける。

びんの中の色水を流したら、
渦巻になった。
おかたづけも楽しい。

パステルでこすり絵

　シュタイナーは、学童期の育ちゆくこころのためには、芸術という十分な栄養が必要であると考えました。

　あらゆる教科において、頭だけに働きかける抽象概念のみを教え込むことはありません。「美しさに感動する」「不思議に目を見張る」ことで、驚きを持って世界と出合い、こころを動かすのです。それは、こころの育ちに大切なことです。

　絵が苦手というかたも、ご自分のための一枚を描いてみませんか。パステルを指でそっと紙に広げると、色の霞がかかるようなやさしい描き心地に心和み、すっかり魅了されることでしょう。

　ここではパステルとコットンを使って色を重ねたり伸ばしたりする、こすり絵を紹介します。

　色の粒子が重なり合い、白い紙の上に透き通った光や、淡い影色が浮かびあがるようにあらわれます。

　こすり絵は少しずつ色が重なるので、一気に塗りつぶしたり、仕上げることはできません。じっくり描いていくうちに、いつの間にか時間を忘れ、穏やかな気持ちに導かれていきます。

　どなたが描いても、それぞれ美しい作品が生まれるので、セラピーに取り入れているところもあるそうです。

2章　色の魔法

こすり絵

材料

- 画用紙（はがきサイズ）
- パステル（ピンク、黄、青）
- コットン
- 定着液（パステル用）
- 下敷き

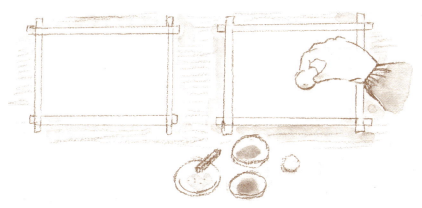

❶ 下敷きに画用紙を、マスキングテープを幅の半分くらいかけてはる。

❷ パステルを色ごとにカッターで粉にして、小皿に入れる。

❸ コットンを使いやすい大きさにちぎり、②をつけて画用紙に色を乗せたりこすったり自由に描く。コットンが汚れたら新しいものにし、指も濡れタオルで拭く。

でき上がったら、マスキングテープをはがし、定着液をスプレー。

和紙で染め紙

　染め紙は、和紙を三角や四角にじゃばらに折ってたたんで、三角のとがったところや真っすぐな1辺を絵の具や染料に、ちょんちょんと浸して作ります。

　少し水を多くした染料で、じわぁ〜と吸い上げるのを見るのは楽しいものです。細かく折ると、繊細な模様に仕上がります。どんな模様になるのかなと、ワクワクしながら紙をそっと開きます。

　素朴な染め紙を使った小物は、民芸品店でもよく見かけますね。

　高木敏子さんが戦争体験を綴った児童文学『ガラスのうさぎ』に、忘れられない場面があります。物資がなくなる中、敏子さんはお兄さんの小さくなったランニングをスリップの代わりにもらいましたが、そのまま着るのははずかしくて、胸に小さな花の刺繍をさしてみました。

　ところが着替えの時に先生に「非常時に刺繍なんかして！　すぐにほどきなさい！」と激しく叱られてしまいます。泣きながらナイフでほどく少女の気持ちが胸にせまりました。

　自分を慰め明るくさせ、生活をほんの少しでも前向きにしようと想像する先に、手仕事があります。お金はかけなくても、よく働く手と想像する自由な精神があれば、生きることそのものが色どり豊かになるのではないでしょうか。

　何でもない紙を工夫して美しくする染め紙は、誰でも素敵にできます。それぞれの染め紙は、暮らしに歓びを与えてくれます。

染め紙の小物入れ

> **材料**
> - 和紙
> - 水でゆるめに溶いた絵の具
> - かご

どんな模様になったかな？
いろいろな折り方をすると
楽しいね。

1. 和紙を半分に折る。

2. また半分に折る。

3. 開いて、折線でじゃばらにたたむ。

4. はしを三角に折る。

5. 裏返し、三角部分を折る。

6. 裏返し、はしを三角に折る。

7. 繰り返して、最後まで三角を折る。

❶ 好きな色の絵の具に、角や一辺をひたす。
❷ 染め終わったらペーパータオルで軽く押し、乾かしそっと開く。
❸ ②をちぎり、水で溶いたのりをつけ、かごに裏側からはっていき、乾いたら内側をはる。

シルクを染める

　シルクのつややかさ、空気をはらんだ時のまるで生きているような目にも柔らかい動き。小さな蚕の繭から採る細い糸で織られた絹（シルク）は、特別に貴重なものです。

　いにしえから高貴な方々の衣装や装飾品に使われました。肌にあたたかく馴染む天然繊維シルクは、紀元前に生産が始まり、人の歴史と長い関わりを持っています。

　シュタイナー幼稚園のおもちゃ棚にも、きれいに染めたプレイシルクやマントが置かれています。「遊び布」と呼ばれる布は、木綿、フランネル、シルクの3種類あり、それぞれ触感の違いがあります。

　ある日、シルクは身に纏ってお姫様のドレスやマントになり、丸い木のつみきをくるむとクリームたっぷりの誕生日ケーキになりました。またある時は、木綿の大きな青い布に貝を置き、夏休みに体験した海ごっこをする子、緑の布でピクニックごっこをする子もいます。

　素材や質感の違いは説明しなくても、感覚を通して子どもに伝わり、それぞれの見立て遊びにふさわしい使い方をしていました。

　1歳の子が、シルクの布をお人形にそっと掛けてあげたり、お母さんの頭に何枚も丁寧に重ねている様子は、あたたかい風景です。

　シルクは子どものやさしさを引き出す素材であり、軽やかな愛のベールに包まれている心地よさを与えてくれる特別な素材なのです。

虹染め

材料
- シルク（水通ししたもの）
- 布用染料
  （ピンク、青、黄）

お空にふわーっとかかる、
柔らかい光の虹の橋。
私のところにおりといで。

❶ 3つの洗面器に、小さじ1の染料3色をぬるま湯で溶く。

❷ 水で濡らしたシルクを縦半分に折り、3、4、5の部分を黄色の染液に浸し、水ですすぐ。

❸ 1、2、3の部分を青の染液に浸し、水ですすぐ。

❹ 1、5、6の部分をピンクの染液に浸し、水ですすぐ。

❺ 少し乾かし、湿った状態でアイロンをあててつやを出す。

キッチンでできる草木染め

　たんぽぽのあたたかい黄色に菜の花の明るい黄色、桜のやさしいピンク色やヨモギやスギナの草色。四季を彩る自然界の色彩は、ひとつとして不均衡なものはなく、調和そのものです。
　その色彩を布に写すことができたら、どんなに素敵でしょう。夏の庭でオシロイバナの色水を作って遊ぶ子どもたちも、きっと身近に咲いている花の鮮やかな色に魅入られているのでしょう。

　特別な材料がなくても、キッチンで草木染めが楽しめます。
　初夏に、ご近所に美味しいびわがなっていたら、ロバの耳のような形のびわの葉っぱを分けてもらいましょう。玉ねぎの皮は、お料理に使うたび、袋に貯めておきます。びわの葉っぱからは優しいびわ色、玉ねぎの皮からはこっくりした黄色の染め液ができます。
　染める布は、動物性のたんぱく質を含んだシルクやウールが染まりやすいです。植物性の木綿を染める時は、豆乳につけてたんぱく質を含ませ、下準備をしておきましょう。

　植物からいただく色は、どれも品を感じさせ、お日様の光を含み、生き物である大地からの栄養に富みみずみずしいのです。
　子どもたちが、植物から生きている色を受け取る時に感じる自然とのつながりは、大人になってもからだにとどまり、物質社会の冷たさから守ってくれるでしょう。

2章　色の魔法

びわ染め・玉ねぎ染め

材料
- ハンカチ（木綿）2枚
- びわの葉と玉ねぎの皮
- ミョウバン（大さじ1）
- 豆乳

夏のお日様の光でも、ゆっくり毛糸を染められます。

たんぽぽ　ブルーベリー　あかじそ

① びわの葉ははさみで切り、玉ねぎの皮はネットに入れる。

② ハンカチを水洗いし、豆乳と水を1:1にした液につけ乾かす。

 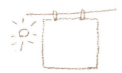

③ ①をそれぞれステンレスの鍋に入れ、水を加え、30分以上弱火で煮だす。

④ 別々にざるでこし、②をそれぞれに入れ冷ます。

⑤ ミョウバンを500mlの水で煮溶かし、2.5ℓの水を入れたボウルに加える。

⑥ ④を⑤に15分浸し、水洗いする。
⑦ もう一度染め液に入れ、さらにきれいに染める。

column 2

雨色散歩

　我が家の子どもたちは、通年、雨の日はレインコートと長靴で散歩を楽しみました。雨の中でしか出会えない景色が、たくさんあるのです。

　からだを通し世界と出会っている子どもたちには、草木が求めるのと同じように、成長に必要な"恵みの雨"です。

　ぽつりぽつり、さわさわと雨の匂いがしてきましたよ！

　水たまりに長靴で踏み入る楽しさ、投げ入れた小石が作る波紋の拡がり……。草陰のかたつむりさんとご挨拶し、坂道を流れる雨水の川に葉っぱを浮かべます。頬に落ちた雫の冷たさや濡れたレインコートの不快感も、感覚体験となります。

　家に着くころ、空が明るくなりました。「あ、虹！」。遠く高い空の上から、雨の日の鮮やかな贈り物がまた一つ届いたのです。

3章
お台所は あったかい匂い

二次元コードを読み取れば、3章の右ページが スマートフォンやタブレットからカラーイラストで見 られます。A4サイズでプリントアウトもできます。

こころとからだの栄養

　　　　大地が作り　太陽が実らせた　この食べ物
　　　　太陽と大地に感謝して　いただきます

　おやこクラスでは、遊びの時間が終わりおかたづけをして、テーブルに小さな花を飾ると、おやつの時間の始まりです。

　椅子に座り、手遊びをします。テーブルの空気がひとつになったら歌をうたい、食前のお祈りをして楽しみなおやつをいただきます。

　子どもにとっては、普段はしないおやつ前のルーティンは長いと感じるかもしれません。「早く食べたいな」という気持ちもありますが、落ち着いて食べるために、気持ちとからだの準備を整えます。

　子どもたちが満足そうにおやつを食べる横で、お母さんもほっと一息。場の雰囲気がくつろぎます。

　子どもにとって、健康的な食事が大切なのはもちろんですが、それは栄養素だけのことではありません。安心感や喜びなど精神の栄養もたくさん必要としています。

　食卓は生活の真ん中で、家族が同じもの分け合って食べ、季節を味わい会話を楽しむ場所。「美味しいね」と言って食べると、もっと美味しくなります。我が家の文化を作りましょう。何を与えるか、どんなふうにいただくかなど、食にまつわることは、親から子へ生きることを伝える大切なメッセージです。

食卓で作る我が家の文化

「いただきます」「ごちそうさま」を
唱えるのは日本だけ。

「お日さん、土さん、雨さん、風さん、
美味しいごはんをどうもありがとう。
今日も1日、げんきに遊びました」
我が家では、子どもたちが作った、
ごちそうさまの言葉を唱えていました。

収穫感謝祭のスープ

　収穫感謝祭のスープは、秋のお楽しみです。

　深い赤色の布を掛けたテーブルに、かごを手に登園してきた子どもたちが、果物やお野菜をひとつずつ置いていきます。

　テーブルは麦や稲穂の束を真ん中に、栗、南瓜、柿、葡萄、きのこなどの秋の実りで、あふれんばかりです！　こうして大地への感謝と共に捧げられた実りを、皆でいっしょに調理していただきます。

　スープの作りかたは、とてもシンプルです。良質な油を少量ひいた厚手の鍋に、下から、きのこ類、海藻類、葉物、芋やかぼちゃ類、根菜類、一番上に穀物などを乗せ、最後に塩を少々加えます。塩は味付けというより、野菜の甘味とうま味を引き出すために入れます。昆布でとった出汁を、野菜よりやや少なめに入れて、蓋をして火にかけます。

　この調理法は、「重ね煮」を参考にしています。からだをあたためて冷やし上に向かって伸びる陰性質の野菜を火の近くの鍋底に、引き締めあたためる下に向かって伸びる陽性質の野菜を上に重ねます。

　鍋の中で対流し、陰陽が調和されてまろやかな美味しいスープができるのです。無農薬の健康な季節野菜には、大地からの栄養と、天体を規則正しくめぐる宇宙の星々の力が注がれています。

　「家庭の食卓は毎日の祝祭である」という好きな言葉があります。滋養豊かなあたたかいスープを作りましょう。

重ね煮風スープ

穀物
根菜類
芋類
葉菜・果菜・花菜
きのこ・海藻・こんにゃく

季節の材料を重ねて、
具材の7割くらいの昆布だし、
塩一つまみを入れます。
弱火でじっくり、
いい匂い！

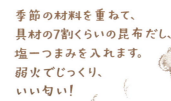

玉ねぎの皮を
むいたり、
しめじをほぐしたり。
おにぎりののりも
巻くよ。

おやつは
ちゃきんしぼり

❶ ふかしたお芋、栗をつぶす。
❷ さらしで、ちゃきんにしぼる。
❸ ちゃきんしぼりのできあがり。

75

おやつとリズム

　「おやつよ〜」と呼びかけると、何かをしている手を止めて、喜んで飛んでくる子どもたち。みんな大好きなおやつの時間、お家ではどうしていますか？　まだ一度にたくさんの量は食べられない乳幼児期は、おやつは補食なので、甘いお菓子よりも、小さなおにぎりやお団子、芋類などがよいのです。

　からだを作る形成力や生命力がしっかり含まれた穀物は、よく噛んで食べることで、唾液と混ざり糖へと分解されます。自分のからだの力で消化吸収することはとても大切です。穀物は、穏やかにエネルギーに変わります。

　おやつの時間は子どもたちに、次の活動に入る前に、ほっと落ち着けるリズムをもたらします。子どもは自分で時間に区切りをつけることができませんから、決まった時間にとるおやつは、生活リズムを作る上でも上手に取り入れたいですね。

　またシュタイナー幼稚園では、1週間のリズムとして、曜日ごとに決まった穀物のおやつをいただきます。繰り返して味わったものが経験となります。

　「今日はライ麦クッキーだから明日はおやすみだ」
　「水彩の日だったからおやつはキビ団子でしょ、ほらね！」
　頭に働きかけない繰り返しは、子どもの魂に安心感を与え、無理なく自然に、1週間の流れをからだを通して感じる助けとなります。

1週間のおやつ

あるシュタイナー幼稚園の1週間

月 玄米せんべい
火 季節の果物入りミューズリー
水 きびがゆ
木 はとむぎだんご
金 ライ麦クッキー

パンが焼けた！

　保育室のドアを開けると、パンの焼ける香ばしい匂いが、お部屋いっぱいに広がっていました。

　オーブンから取り出した天板の上に、ぱちぱちとこんがり焼けたパンの皮が音を立てています。味わい深い子どもたちのパンです。幼稚園のパンは子どもたちと捏ね、「パンの日」のおやつや給食の時間にいただきます。

　秋には園庭にまいた麦が実り、干したものを1粒1粒殻を外して石臼でひき、粉にします。ゴーリゴリ、ゴーリゴリと重たい石臼を廻していくのは、男の子が大好きな仕事です。

　さらさらの粉に水と酵母を加え練り込み、手にべたべたとつく生地に粉を足し、調節しながら捏ねると、すべすべにまとまります。

　粘土ほどの手触りになったら、手のひらで体重をかけながら、さらに捏ねます。感覚を育てている時期の子どもにとって、ほんのり柔らかい生地の感触は、かたい粘土とも違う安心感を与えてくれます。

　捏ねるという作業はとても根気を要し、子どもの意志を引き出します。からだの中心を据えないと、捏ねる力がうまく入りません。

　気持ちが散漫になったり、ふわふわと落ち着かなかったりする時、パン捏ねは大人にとっても子どもにとっても、こころによい作用をもたらしてくれます。

一晩おやすみパン

楽健寺酵母パン

材料
- 酵母（すりおろした山芋、人参、りんごに、玄米ご飯とはちみつで起こす）…大さじ1〜2
- 強力粉…150g
- 全粒粉…120g
- ライ麦粉…30g
- 水…1カップ強
- 塩…少々

前日

① ボールで材料を全部混ぜ、弾力が出るまでよく捏ねる。

② ビニールをかぶせ、冷蔵庫で1晩置く。

朝

① ②を室温にもどし、好きな形に成形して180度に余熱したオーブンで14分焼く。

レーズン酵母パン

材料
- レーズン酵母…120cc
- 強力粉…200g
- 塩…3g
- 砂糖…6g

レーズン酵母作り

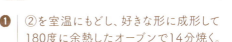

煮沸した瓶に、レーズン100gに水300ccを注ぐ。

30め レーズンがふっくらし、動き出す。

5日め 気泡が出て、レーズンが浮き上がる。

前日

① ボウルに強力粉と塩、砂糖を入れスプーンで混ぜ、レーズン酵母を加え、まとまったら力をいれて捏ねる。

② 霧吹きしラップをかけ、2時間室温においてから冷蔵庫へ。

朝

③ 作業1時間前に室温にもどし、分割し、ぬれ布巾をかけ15分。

④ 成形し、霧を吹いて30℃で1、2時間おき二次発酵させる。

⑤ クープを入れて、230℃に余熱したオーブンを、200℃に下げ20分焼く。

まあるいお団子

　昔話にもたくさん登場するお団子。
　　♪おこしにつけたきび団子　ひとつ私にくださいな♪
　真っ先に思い出されるのは、桃太郎のきび団子でしょうか。古来お団子は、神様に捧げるお供物として大切にされてきました。五穀豊穣を願う行事にも、欠かせないものです。

　小さくてもしっかりとエネルギーの元になる炭水化物のお団子は、子どものおやつにぴったりです。お団子は、きびだけではなく、はと麦粉、米粉、はったい粉、白玉粉といろいろな粉でバリエーション豊富に作れます。
　まとめてなめらかになった生地を、ちぎってざっくり丸め、手のひらの真ん中でくるくるとお団子にします。力が強いと、つぶれてしまったり、細長くなってしまったり……。慣れてくるまではいろいろな形になっても大丈夫、美味しさは変わりません。

　手のひらの真ん中は「掌」、もともとは手のこころという意味でした。手は気の通り道とも言われ、誰かと手をつなげば安心を感じます。目には見えないこころを感じ取る掌は、敏感な感覚器官とも言えそうです。桃太郎の元気になるお団子の秘密は、そこにありそうですね。
　掌の繊細な感覚をしっかり育てるお団子作り。いろいろなお味も楽しみましょう。

はとむぎ団子

材料 約25個分
- A〔はとむぎ粉…60g、白玉粉（つぶしておく）…40g〕
- 水…100cc
- ほうじはとむぎ粒…50g
- メープルシロップ…適量

ほうじはとむぎ粒を
トッピング。
メープルシロップをかけて
めしあがれ。

くるくる
お団子を
作りましょう。

① ボウルにAを入れて混ぜる。

② 水を少しずつ加減して入れ手で捏ね、耳たぶほどの柔らかさにまとめる。手でちぎり、くるくると丸いお団子にする。

③ 鍋に湯を沸かして、②をすべて入れてゆでる。浮かんできたら、1分ほどゆでて水に取る。

おやつに雑穀おかゆ

　グリム童話の「おいしいおかゆ」では、「お鍋よ煮えろ」と言うと、いつでも美味しいきびのおかゆを煮てくれる不思議なお鍋が登場します。ひもじい思いをしていた女の子が、森の中に出かけて行き、出会ったおばあさんにもらったお鍋です。

　ある日、女の子が出かけている時に、お母さんが「お鍋よ煮えろ」と言ってみると、ぐつぐつとおかゆは煮え続け、とうとう鍋からあふれてしまいました。

　止める言葉を知らないお母さん、家中がおかゆでいっぱいで、表通りまであふれかえって……。さあ大変、どうなるのでしょう？

　このお話を人形劇にすると、みるみる舞台をおおっていく黄色いきびがゆに、見ている子どもたちは惹き込まれていきます。

　長い時間、語りつがれた昔話には、いにしえの人々の叡智があると言います。それはきっと現代の子どもたちに染みこんでゆくこころの栄養となるでしょう。

　穀物の粉で作ったおかゆは、人間の食べ物の中では最古のものだそうです。離乳食にもなるからだにやさしいきびのおかゆは、独特の風味が味わい深く、子どもたちも大好きです。

　お鍋からこそげた最後のひとさじまで、きれいにいただきます。きびのおかゆは、昔話のような滋養に富んだおやつなのです。

きびのおかゆ

> **材料 4人分**
> - もちきび…50g
> - リンゴジュース…250cc
> - 自然塩…ひとつまみ
> - レーズン…適量
> - くるみ…適量

① 洗ったもちきびとリンゴジュース、塩を鍋に入れ、中火にかける。
② こげないよう木べらでかき混ぜながら、10〜15分煮る。
③ もっちりしてきたら弱火にして、10分かき混ぜる。
④ レーズンを入れ、蓋をして5分くらい蒸らし、ローストしたくるみを入れる。

お日様とおやつの時間

　ぷちぷちした歯触りの雑穀マフィンは、前日の夜に種を作っておけるので、朝は焼くだけですみます。マフィンはお皿がいらないので、幼稚園では園庭の切り株に座っていただきます。

　週に一度、木陰でマフィンを食べることは、ただそれだけなのに楽しいことです。お日様のもとで子どもたちは、とても穏やかな表情になります。

　幼稚園も保育園も子育て広場も閉鎖されたコロナ禍には、子どもたちを安全に連れて行けるところがなく、親御さんたちの辛い声が届きました。

　子どもたちも知らず知らずのうちに、社会の不安を感じ取っています。こんな時だからこそ、大切にしたいのは、「朝のお日様におはようの挨拶をすること」。科学的には朝の太陽の光は、からだのスイッチを入れ、幸せホルモンと言われるセロトニンの分泌を促してくれるそうです。

　変わらず昇るお天道様の愛は、何てありがたいことでしょう。

　美味しいマフィンを持って、お休みの日の朝はお日様に会いに行きましょう。

　空気が新鮮な朝の公園で、お日様に手を伸ばして、「おはよう！」と挨拶してみましょう。お日様のあたたかさがまぶたの奥からからだの隅々までしみわたり、「きっと大丈夫！」と元気が出てきます。

あわのマフィン

> **材料 6つ分**

- A〔あわ…大さじ3、豆乳…200cc〕
- B〔メープルシロップ…大さじ6、なたね油…大さじ6〕
- C〔地粉…250cc、ノンアルミベーキングパウダー…小さじ1、自然塩…少々〕

❶ 作る前日の晩に、ボウルにAを入れ混ぜて冷蔵庫へ。
❷ Bをボウルでよく混ぜて、①を加え混ぜる。
❸ ②にCをふるいながら加え、さっくり合わせる。
❹ マフィンカップに③を流し入れる。
❺ 160°に余熱したオーブンで、30分焼く。

普段着のおやつ

　服装と同じように、おやつにも食事にもハレとケがあります。けれども日本に住む私たちは、1年中、世界中の食べ物を口にすることができます。

　かつては特別の日にしか食べられなかったようなごちそうやケーキも、季節を問わず普段のテーブルにのぼるようになりました。

　でも、お楽しみがいつものことになるのは、幸せでしょうか。

　味覚の土台は、3〜4歳ごろに作られます。食のグローバル化は、娯楽的要素も含めて豊かな食体験をもたらしますが、からだ作りの最中である子どもたちには、どんな食体験が必要なのでしょうか。

　卒乳前の子どもは、どこかふんわりしています。母乳や粉ミルクから栄養を得ているので、まだ地上との結びつきは強くありません。

　卒乳後は、大地からの恵みを自分の力で咀嚼して栄養素に分解しながら、しっかりとからだを支える力に変えていきます。大地との繋がりを大切にするには、食べるものは、その土地でできた旬のもの、季節のもの、自然栽培のものが安心です。

　目新しく華やかな食べものは、食べることが初心者の子どもたちにはまだ早いかもしれません。刺激を受け続けると感覚は鈍麻し、素材の味では満足できなくなってしまいます。嚙んで美味しく、簡単に作れて補食となるような普段着のおやつを定番にしましょう。

3章　お台所はあったかい匂い

玄米ごはんでおやつ

玄米のつぶつぶは、冷めても美味しいおやつになりますよ。

桜えびのお焼き

- 玄米ごはん
- 桜えび
- にら
- ねぎ
- ごま
- 地粉…大さじ3
- 卵…1個
- みそ、自然塩、こしょう…各少々

材料をすべて合わせて、油（分量外）をしいたフライパンで丸く落としながら焼く。

五平餅

- 玄米ごはん
- 合わせ味噌（味噌…大さじ2、みりん…大さじ1、てんさい糖…大さじ1）
- 水…大さじ1

❶ あたたかい玄米ごはんを、すりこ木でつく。
❷ 手水をつけながら小判型に塑え、割りばしをさす。
❸ アルミホイルの上に油をしき、合わせ味噌をぬった②を乗せ、トースターでてこんがり焼く。

玄米ワッフル

- 玄米ご飯
- ホットケーキミックス（無添加）
- 卵…1個
- 豆乳
- レーズン
- メープルシロップ

❶ ホットケーキミックスの分量に従い豆乳と卵を入れて種を作り、玄米ごはんとレーズンを合わせる。
❷ ワッフルメーカーで焼き、メープルシロップをかける。

ひんやり豆腐ムース

　幼いころ、よく豆腐屋さんにお使いに行きました。「とうふ」と書かれた藍色の暖簾をくぐって入ると、ひんやりと涼しい……。タイル張りの水槽に、真っ白で四角い豆腐が揺らいで見えます。「もめん２丁ね」。パックではなく、持参したボウルにするりと入れてもらうのです。
　子ども心に、豆腐というどことなく捉えどころのない繊細な食べものと大豆と油の匂い、この空間全体が相まって、賑やかな商店街とは異なる世界に来たような肌感覚がありました。

　買い物の風景は、個人商店から、セルフレジのスーパーや宅配が多くなり久しくなりました。しかし、魚屋、八百屋、乾物屋、米屋と、それぞれの専門家ともいえるお店屋さんと親のやり取りを聞いたり、職人さんの仕事を見たりすることは、働く大人の姿を通して社会に触れる大切な機会なのです。

　便利と効率が優先されている現代ですが、子どもたちはからだを使って作業をする大人を見たがっています。工事現場で立ち止まって夢中で見ている子どもが欲しているものは、まさにバーチャルより、匂いも振動も音も動きもあるリアルな世界です。
　ものを買う時に、販売機で飲み物は買わない、対面でお買い物をするなど、できる時には意識をしてみましょう。
　「絹豆腐１丁ください」。今日はひんやり豆腐ムースを作ります。

3章　お台所はあったかい匂い

豆腐ムース

材料

- 絹豆腐…350g
- 苺…ムース用10粒　飾り用5粒
- 国産レモン…1/2個
- てんさい糖…適量
- 粉ゼラチン…5g
- リンゴジュース…100cc

❶ 絹豆腐は水切りし、粉ゼラチンはあたためたリンゴジュースに入れて溶かしておく。
❷ 材料を順番にミキサーに入れ、攪拌する。
❸ 容器に入れて、冷蔵庫でよく冷やす。
❹ 苺と好みでミントを飾る。

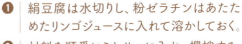

氷屋さん

　暑い夏休み、いとこやお友達がやって来る楽しい日のおやつに、かき氷はいかがでしょうか。

　一年に一度の我が家の夏祭りでは、かき氷機が活躍してくれました。電動でふわふわの氷がかける機械もありましたが、ぐるぐると手で回すタイプを使います。手間はかかりますが、かき氷屋さんをやってみたい子どもたちの手が、次々に挙がること請け合いです。

　電動機械にはないアナログさは、仕組みが解るよさがありますね。「早く食べたい」と気持ちははやりますが、わくわく挑戦するとおもしろく、回し続けるのは意外と大変だと分かります。やっとかき上がったかき氷を食べたら、なんて冷たくて美味しいのでしょう！

　そんな気持ちのプロセスを、氷が溶けるまでの間に全部味わえるのです。かいてこそ楽しいかき氷を、ぜひ子どもたちといっしょに、汗をかきながらやってみましょう。

　夏だからこそ美味しく味わえる冷たいおやつですが、食べすぎるとお腹が冷えてしまうもの。市販のシロップには、からだを冷やす白砂糖がたっぷり含まれています。自然の甘味、甘酒をシロップの代わりにかければ、からだを冷やしすぎず子どもにも安心です。

　甘酒かき氷は、きな粉や抹茶、白玉や果物のコンポートをプラスして、いろいろなバリエーションも楽しめます。親も、時には子どもに戻って笑い合う、そんな夏祭りもいいものですよ。

甘酒かき氷

甘酒をたっぷり。白玉や抹茶パウダー、梅のトッピングも美味しいよ。

梅シロップ

つぶし梅干し
米飴づけ

レモンはちみつ
づけ

ハイビスカスティーの
シロップや
紫蘇ジュースも
きれいで美味しい！

遊び心いっぱいのパイ

　「おくるみパイ」と娘が名付けた可愛いパイ。幼稚園の秋のバザーでも、とても好評だったお菓子です。
　フィリングには栗やナッツ、ドライフルーツ、柑橘類のピールをアクセントにし、パイ生地でくるりと包み込んだお菓子です。包んだ様子が、まるで大切におくるみされている赤ちゃんみたいです。

　パイ生地は、全粒粉、強力粉、グレープシードオイルなどの植物油、塩のみでシンプルに作ります。包む時には、子どもたちが赤ちゃんをくるむつもりで丁寧にお手伝いしてくれます。
　おやつを作る楽しさは、食事作りとも違う自由なところ。シンプルで、遊び心があるところもいいですね。

　おやこクラスにやって来る子どもたちは、そんなおやつマインドを携えているようです。
　9月の十五夜のころ、丸い玄米ぽんせんを一口かじり、目の前にかざした子が、「あ、お月様だ」とつぶやきました。周りの子たちも、「お月様、まあるいよ」と三日月や半月、満月のぽんせんを見上げて嬉しそうでした。おやつの時間らしい和やかさが漂います。
　「遊び食べしないで」「食べる時はお喋りしないよ」と躾は大事ですが、そこに味わう喜びがあるのなら、想像力とユーモアを受けとめることも、子どもたちの充足感につながります。

3章　お台所はあったかい匂い

おくるみパイ

材料 9個分

- A〔全粒粉、地粉…各60g、塩…ひとつまみ〕
- B〔グレープシードオイル…大さじ3、水…大さじ2~3、白ごま…大さじ1〕
- フィリング（栗、煮りんご、つぶしたさつまいも、干し柿、柚子のはちみつ漬けなど）

① ボールにBを入れよく混ぜ、Aを振るい入れ、木べらでまとめる。
② 取り出して、長方形にまとめて半分にたたみ、ぎゅっと押さえることを5回ほど繰り返す。
③ 麺棒で伸ばし、スケッパーで9等分にする。

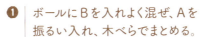
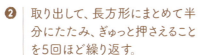

フォークで
もようをつける

④ ③に好みのフィリングを乗せ、クローブやシナモン（分量外）で香りづけし、くるみこむ。
⑤ 天板にならべ、170度に熱したオーブンで25分ほど焼く。

残った生地で
メープルシロップをからめた
アーモンドを巻いても
美味しい！

セントニコラスの日

「ニコラスさん、ほんとうに来たね！ 校庭にそりの跡があるもん」

子どもたちが一斉に窓に集まり、顔をのぞかせています。今日は、聖ニコラスが、シュタイナー学校の子どもたちに贈り物とお手紙を持ってやって来る12月6日。聖ニコラスは、4世紀ごろのキリスト教の司教で、子どもの守護聖人として知られています。

サンタクロースのモデルとも言われていますが、サンタクロースとは違い、子どもたちが欲しいものではなく、必要なものを届けてくれます。

教室に届いた金色の本やカードには、子どもたちの1年間の「よいおこない」が綴られています。天の国から忘れることなく見守ってくれる存在は、子どもたちに愛と信頼を与えてくれます。

「どんどん」とノックが聞こえ、先生がそっとドアを開けると……。一人ひとりに、ニコラスさんから赤い別珍の美しい袋が届いています。中にはくるみや天然石と蜜柑、大きな袋には特別なフルーツケーキ。幼稚園の子どもたちには、お砂場の新しいシャベルやバケツも届きました！

日が短くなり、夜の訪れが早くなってくる12月。この季節に作る蠟燭は、古い蝋を溶かして新しいものに再生します。美味しいものをいただき、ご加護を歓び、新しい光を囲む「ニコラスさんの日」です。

ニコラスさんのお茶

ハイビスカスの赤いお茶、りんごジュース、蜜柑ジュース、クローブ、シナモンをお鍋であたためる。

12月5日の夜は、長靴を磨いて玄関に置くと、ニコラスさんがここに来た「しるし」を入れてくれるよ。寒い空を飛んで来るから、あったかいお茶とクッキーを置いておこうね。

冬至の小豆かぼちゃ

　最近は、豆を煮るというご家庭が少なくなりましたが、冬場はストーブに鍋をことことかけ、掃除をしながら黒豆や小豆を煮て、おやつやお惣菜にするのもいいものです。鍋蓋をとると、ふわっと白い湯気が窓ガラスを曇らせ、豆の煮える匂いが広がります。

　家族の健康を祈願して冬至にいただく「小豆かぼちゃ」は、寒い季節に備えてからだを温め、栄養をたっぷりとることのできる、たいへん理にかなったお料理です。
　小豆にはサポニンやポリフェノール、鉄やミネラルが豊富で、血液を浄化する作用があると言われています。かぼちゃの黄色には、免疫力をつけるβ-カロテンや多くのビタミンが含まれています。
　昔から縁起がいいとされてきた小豆は、赤い色が邪気を払い、厄除けの力を持つとされてきました。お赤飯でお祝いをしたり、おはぎを作ってお供えをしたり、日本人の生活の節目には欠かせません。伝統食にはそのような叡智があり、民族の体質に合った栄養を与えてくれますから、現代の食卓にも取り入れていけるといいですね。

　しゃらしゃらと音を立てる小豆をボウルに入れ、子どもたちに洗ってもらうのも楽しく、乾物をもどして調理する知恵は伝えておきたいものです。かぼちゃの種は生命力が強いので、蒔けば発芽することもありますよ。台所から学べることは、ほんとうに豊かです。

小豆かぼちゃ

材料

- 小豆…1カップ
- 水…3カップ
- かぼちゃ…250g
- 自然塩…ひとつまみ
- てんさい糖…大さじ3
- 昆布…5cm角

冬至の夜は
小豆かぼちゃを
いただいて、
柚子湯に
入りましょう！

❶ 小豆はさっと洗い、かぼちゃはわたと種を取り、ひと口大に切る。

❷ 鍋に昆布、小豆と水を入れ火にかけ、中火で差し水（分量外）を加えながら柔らかくなるまで50分くらい煮る。

❸ ②に①のかぼちゃを加え、柔らかくなるまで煮て、てんさい糖と自然塩を入れる。

養生おやつ

　さっきまで元気に遊んでいたのに、いつもよりほっぺたが赤い……。おでこに手を当ててみると、熱がある！
　子どもは、成長の節目によく熱を出します。熱を出すことで、自分の免疫力を強くしていく側面を大切にしたいものですが、体力が備わっていないと、不調も長引いてしまいます。

　健康なからだを作るためには、日常の生活リズムが安定して無理がないこと、安心してたっぷりと睡眠をとること、朗らかに食卓を囲むことが最良の道です。
　サプリメントを摂ったり特別な運動をしたりする前に、よく歩くことや、生活リズムを整えることが何よりの将来への贈り物です。

　お出かけが続き寝る時間が遅くなったり、習い事をかけもちして食事の時間がばらばらになったり……。そんな時の子どもたちは、日中もなかなか遊びに入れなかったり、だるそうな姿勢でまっすぐ座るのもつらそうです。からだを保てないと、考える力も弱まります。
　からだに不調がある時は、消化がよく、喉にやさしいりんご葛はとてもいいものです。食養にも使われる本葛はお腹をあたため、りんごの甘味は消耗したからだを慰めてくれます。
　こうしたおやつが自然な治癒力を促進して、穏やかにからだとこころを癒してくれるのです。

りんご葛

> **材料**
> - りんご…1個
> - 本葛粉…大さじ1

❶ りんごをすりおろす。

❷ 本葛粉を大さじ2の水で溶く。

❸ 鍋に①と水を少し入れ弱火にかけ、②を加え、とろりと透き通るまで木べらで混ぜる。

りんご葛を作りましょう。
風邪のひき始めや治りかけ、冷えている時に。

子どもに見せたい台所仕事

　子どもが成長するために授かってきた大事な力が、模倣です。赤ちゃんは、1歳前後になると、つかまり立ちから何度も何度も尻もちをつきながら自分の足で立てるようになり、忍耐強く1歩を踏み出します。
　これらの当たり前に見える赤ちゃんの成長発達も、周囲に立って歩く人がいて初めて、模倣の力で身につけていくのです。赤ちゃんは人間らしくあることを、機械ではなく人から学びます。

　やがて子どもたちは、生活の中でいろいろなことを体験し、親がしていることをやりたがるでしょう。そんな時は、かえって大変なことになると敬遠せず、ぜひこの時の意欲と憧れを大事にしてください！
　大人のやることが準備から一貫した行動であれば、子どもは物事のなりたちや関連を理解し、模倣を通して思考が育っていきます。

野菜を切る→鍋で煮る→いい匂い→スープができた→美味しい！

　準備とプロセス、完成を見渡せる日々の家事仕事を丁寧に行っていると、子どもたちはその目的や意味を理解します。模倣したい意欲からおままごとやごっこ遊びがとても豊かに楽しくなります。
　宅配の冷凍食品をレンジで温め、食器は食洗器で洗う。そんな日もあるかも知れませんが、指先でボタンを押すだけではプロセスが見渡せず、模倣内容も乏しくなります。何のためにどのようにからだを使うのかを、子どもが真似をしたくなるように暮らしていきたいですね。

3章　お台所はあったかい匂い

おばあちゃんの
おひたし

ゆでたほうれん草、
水にはなって
やさしくそっとしぼります。
お野菜が
気持ちいいように。

いつもの場所に、
いつもの食器と道具。
見通しのいい
シンプルな台所。

からから、
ぱちぱち、ぱちん！
元気のいいごまたちね。

ほうれん草に
ごまの衣を、
フワッと着せますよ。

ぐるぐるごりごり、
おばあちゃんのすりこ木、どうして速く回るの？

column 3

落ち着きをもたらす手仕事

　規則正しいリズムで、素早く動く魔法の金色のかぎ針が、電灯の灯りを反射してきらっと光りながら、柔らかいモヘアの毛糸をすくっていきます。

　幼い私は、編み物をする母の手を、夢見るように眺めていました。台所では、野菜を刻む心地いい音。どうしたらあんなに早く正確に、包丁を使えるの？　縁側では祖母が夕食の下ごしらえ。隠元の筋取りが終わると、左手をすりこ木の上に軽く置き、中心から外側に回転させて軽快に胡麻を摺っています。

　これらの暮らしの手さばきに魅入ることができたのは幸せなことでした。手仕事をしている大人の横で子どもは、とても落ち着いた安らいだ気持ちになります。

　子どもが風邪などで寝ている時も、ぜひ傍らで手仕事を。

4章
ネイチャーコーナーと季節のめぐり

二次元コードを読み取れば、4章の右ページがスマートフォンやタブレットからカラーイラストで見られます。A4サイズでプリントアウトもできます。

春のテーブル

　シュタイナー学校や幼稚園には、季節のめぐりと自然界のリズムを身近に感じることができる「季節のテーブル」があります。

　幼稚園や小学校低学年のテーブルには、こびとや妖精の人形たちが、自然の営みの担い手として可愛らしく登場します。

　高学年のテーブルはだんだんとファンタジー色は消えて、季節にふさわしい色のシルクなどの布をかけ、季節の植物や鉱物などをシンプルに飾ります。シルクの光沢は、とけこむような柔らかく美しい陰影を生みます。

　シュタイナー教育では、自然界の「リズム」をとても大切にしています。植物が芽生えて花を咲かせ実を結び枯れゆき、地中で根を肥やし芽吹きの準備をする1年のリズム。朝が来て日が昇り、日が沈み夜が来る1日のリズム、1週間は7日のリズムです。

　波が寄せて返すこと、渡り鳥が飛んでくること、動物たちが冬眠することも、いのちある地球のリズムという暦に基づいてのこと。

　変わらぬリズムと生活が一体であることは、人々を健康にし、こころに安心感を与えます。人間も自然界の一部なのです。

　移りゆく季節の生命力を感じながら、ファンタジー豊かにテーブルをしつらえることで、お部屋の中に季節が廻ります。

　自然界のお使いになったようで、とても楽しい手仕事です。

羊毛のちょうちょ

> **材料**
> - 羊毛（ピンクと黄色）…各適量
> - 金糸

白や黄色でも
ちょうちょを
作ってみましょう。

❶ ピンクの羊毛を柔らかく裂いて、指でほぐし、8センチくらいの帯にする。黄色い羊毛は、細くよっておく。

❷ 真ん中を少し重ねるように、両端を折る。

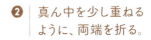

❸ 重ねたところを、①の黄色い羊毛で結ぶ。

❹ 絵のように羽を割ってちょうちょの羽らしくし、触角の先の形を整える。

❺ 金糸をつけて、花の近くにつるして飾る。

夏のテーブル

　子どものころは誰もが持っていたのに、知らず知らずのうちに失われていくセンス・オブ・ワンダー（神秘さや不思議さに目をみはる感性）を持ち続ける大人が近くにいたら、子どもたちは何て幸せでしょうか。

　海洋学者レイチェル・カーソンは、孫のロジャーと海辺や森を探検し、自然の中で過ごしながらそうしたメッセージをこめた遺作『センス・オブ・ワンダー』を書きました。

　子どもたちは科学的な知識や説明の前に、たっぷり体験をして、からだいっぱいで感じることを欲しています。カーソンの言う、「澄み切った洞察力、美しいもの、畏敬すべきものへの直観力」を、もう一度大人も磨く必要がありそうです。

　葉っぱの影に銀の筋ひくかたつむり、雨つぶきらめく大きな蜘蛛の巣、ハートの種が飛び出すふうせんかずら……。これらを息をひそめて感じている子どもたちの横顔に、私たちはどう応えましょうか。

　夏至を過ぎるころには、太陽の輝く黄金色の光も増していきます。雷と突然の雨が夏の到来を告げ、草の匂いが立ちのぼります。

　五感を開いて、夏を味わってみましょう。そうしてしつらえたテーブルは、街の暮らしの中でも、美しさと自然への敬いを、子どもたちと私たちのこころに届けてくれます。

4章　ネイチャーコーナーと季節のめぐり

ヤシャブシのはち

材料
- ヤシャブシ
- 毛糸（黄色の細いもの）
- クッキングペーパー
- 糸（薄茶色）
- 紙コップ（小さいもの）
- 麻ひも
- 針金（花用の細いもの）

はち

❶ ヤシャブシに、黄色い毛糸をはちらしく巻く。
❷ クッキングペーパーを羽の形に切る。
❸ ②の中心を破けないように注意しながら、糸できゅっとしぼる。

❹ 羽の位置を決めて、①にボンドをつけ③の糸を巻いて固定する。
❺ 糸は長いままで、木の枝につるす。

はちの巣

❶ 紙コップにボンドをつけ、麻ひもを巻く。
❷ はちに針金をつけて、①にさす。

実りのテーブル

　秋が訪れ涼しい風が吹くと、自然の変化が鮮やかに感じられませんか。季節のテーブルがにぎやかになる素敵な季節です。
　1章で作った枝のこびとや、お散歩で集めた木の実、紅葉した葉っぱなどで作るテーブルは、とても身近で楽しく、大人も子どもも、そろって実りをもたらすこの季節の雰囲気にひたることができます。

　秋が一番好き、という声もよく聞きます。夏の暑さや喧噪は去り、からだもこころもほっとして、読書や手仕事にも気持ちが向くようになる秋。何か自分らしくいられるような、自分の窓から周囲を眺められるような季節です。
　発表会や文化祭が行われるのも、「実り」を体感できるからでしょうか。冬の寒さが訪れる前に、豊かな色どりを味わいましょう。

　秋分を過ぎると、夏の光は遠ざかり、野ばらは枯れ落ちて花の後に真っ赤な実をつけています。童謡「真っ赤な秋」にうたわれているように、沈む夕日の色もいちだんと深みを増してきました。
　いのちの果実のような赤や橙色の布を敷き、小さなかぼちゃやいが栗、かごには集めた木の実を羊毛でぴかぴかに磨いて飾ってみましょう。羊毛で作った真っ赤なりんごも豊作です。
　大地を耕し循環させる働き者のこびとさんも出ておいで！
　秋はあなたが主役のテーブルですよ。

りんごとかぼちゃ

> **材料**
> - 羊毛（赤、橙、黄、緑）
> - フェルティングニードル
> - 小枝

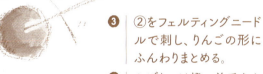

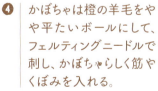

① りんごをイメージし、赤、橙、黄のフェルトをすきながら混ぜる。

② ①を丸めて、羊毛ボールを作る。

③ ②をフェルティングニードルで刺し、りんごの形にふんわりまとめる。

④ かぼちゃは橙の羊毛をやや平たいボールにして、フェルティングニードルで刺し、かぼちゃらしく筋やくぼみを入れる。

⑤ ③に小枝をさし、へたをフェルトなどで作り、フェルティングニードルかボンドで固定する。

アドベントのテーブル

　芳醇な秋のテーブルは、クリスマスの4週間前の日曜日の「アドベント」の始まりから深い青の空間に変わります。その劇的な変化は、何の言葉もいらないほど、静かな時の始まりを印象づけます。

　紺色の布で包まれたテーブルの上には、濡れて光るびろうどのような苔が敷き詰められた箱庭があります。小石の小道が木の皮で作られた小さな厩（うまや）まで続き、クリスマスまでの4週間、ヨセフとマリアの長い旅が始まります。

　アドベント1週目、透き通った水晶が置かれ、光を受けて輝きます。2週目、鉱物だけが光っていた箱庭に、花が咲き始めます。3週目には、貝や珊瑚、鳥の羽が置かれます。羊たちもやって来ました。

　ヨセフとマリア、ロバは、あと少しで厩に到着します。鉱物、植物、動物、人間の世界が、時間をかけひとつになっていくその景色が、厳かに瑞々しくあらわれるのを子どもたちは待ちわびます。

　いよいよ、12月25日。大きな星が光り、天使に抱かれていた赤ちゃんイエスさまは、ゆっくりと降りてきて、飼い葉おけで眠ります。特定の宗教の枠をこえて、光の誕生をお祝いするクリスマス。

　一人ひとりのかけがえのない子どもたちの中に、内なる光が輝くように灯り、この地上で自分らしく人生の道を歩めるようにと、祈りを込めてしつらえる冬の季節のテーブルです。

クリスマスの景色

季節の祝祭

　季節のめぐりは、祝祭と共にあります。子どもたちと共に、お祭りやお祝い事の準備をすることは、とてもいいものです。お住いの地に伝統的な祭事や習慣があるとしたら、それは幸せなことです。

　お祭りや行事は、イベント化していることもありますが、本来の祝祭は、大いなる存在に見守られていることに対する畏敬の念と感謝、祈りを捧げる行事です。

　日常（ケ）生活のエネルギーが枯渇することから、「ケガレ」＝「気枯れ」という言葉が生まれました。

　からだやこころが不安定になりやすい季節の変り目を「節句」とし、祭を行い心身の気を満たすことは、季節のめぐりと人々がひとつになって暮らしていたことのあらわれなのでしょう。

　祝祭では、特有の色彩で視覚からもパワーをもらい、行事食を共にします。踊りやお囃子、飾り物は、歓びと愉しみに満ちています。

　子どもたちは、目に見えることからだけではなく、音、味、匂いからも感覚的に祭りを体験しているのです。

　お団子をお供えしたり、祝祭にちなんだお料理を用意したりする中で、「あっ、今年もまたお祭りがやってきた」と感じられるようになります。1年のリズムが、からだや感覚に刻まれていくことは、この地で生きる力や、自然との結びつきを強めるのです。

季節のめぐりとお祭り

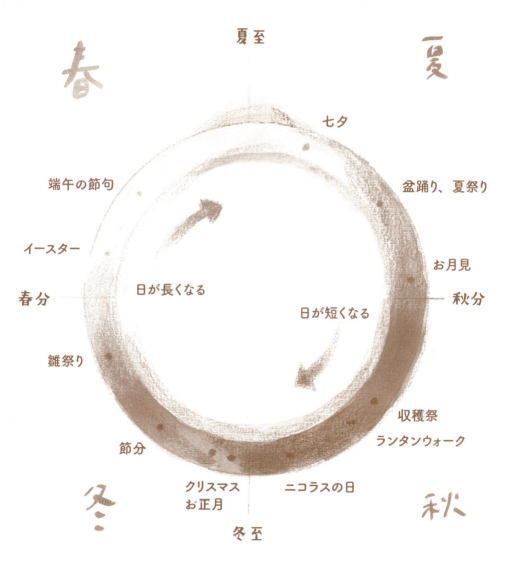

お誕生日のお祝い

年に1度やってくる、もっとも大切な祝祭と言えばお誕生日です。「〇〇ちゃん、もう3歳なんだよ。おっきいの！」。3歳を過ぎ、自分にめざめ始めた子どもにとって、こんな嬉しい祝祭があるでしょうか。そのこみあげる純粋な喜びは、どこからくるのでしょうか？

幼稚園では、一人ひとりのお誕生日をお祝いします。冠と黄色いシルクのマントをつけ、お友達や先生に囲まれ、皆にお祝いの歌を歌ってもらいます。蝋燭の灯の中、その子だけの尊い魂の姿がそこにあります。小さくてもひとりの個であるわが子を眺め、同席している親御さんは感無量です。

先生は贈り物として、「誕生日のお話」を語ってくれます。

「はるか遠いお空の国に、大きな天使と小さな天使がいました。ある日、雲の間から下の世界を見てみると、美しい青い星の子どもたちが、それは楽しそうに遊んでいるのが見えました。私もあそこに行きたいな…」

やがて、大きな天使といっしょに空の上からやさしいお母さんとお父さんを見つけた天使に、その時がきます。美しい青い星にかかった虹のかけ橋を渡って、お父さんとお母さんの腕の中に生まれてきたのです。

祝福の中で、「あなたは〇〇ちゃんよ」とやさしく呼んでもらった赤ちゃん。毎年、贈り物として語られるお話です。子どもたちは皆、「ここに生まれたい」という意志と使命、そして希望を携えてきたのです。

4章 ネイチャーコーナーと季節のめぐり

虹の橋を渡って

お正月

　「初春」という響きが好きです。お正月の澄んだ空気の清浄さと、光の柔らかい白さは、特別なものがありますね。

　クリスマスが暗い闇の中の光の誕生とするなら、初日の出のご来光を拝むことが日本人にとって「始まりの光」なのかもしれません。古今東西、太陽と共に生き、光を希望や精神性の象徴として大切にする普遍の感覚を、人はからだの中に持ち続けているのでしょう。

　お正月を気持ちよく迎えるために、年末には家族で大掃除をします。この忙しさが子どもにとっては、実はとても楽しいものです。大人だけでやってしまわずに、エプロンをつけてあげてください。

　雑巾をしぼる、箒ではく、窓ガラスをふく、どの仕事も手足をたくさん使います。障子の紙を剥がすのは、どの子も大好きです。

　1年間遊んでくれたおもちゃも、きれいにしましょう。木のおもちゃは、蜜蝋ワックスで磨き、お人形の服は洗ってあげます。

　♪もういくつ寝ると　お正月……

　青々とした門松をたて、お台所では、おせちの準備で大忙し。

　何でも手に入る時代に、「楽しみに待つ」という子どもにとって貴重な経験は、なくなりかけています。完璧な用意はできなくとも、その家らしい準備の仕方でよいと思うのです。

　家族が協力して迎える新しい年は、気持ちも新たに。「はやく、こいこい、お正月」。のどかな初春がやってきます。

みんなで大掃除

お人形のお洋服も
お洗濯。

おもちゃも、
ぴかぴかに磨くよ。

雛祭り

「また、今年もお会いできましたね」

薄紙に包まれたお雛様を、箱からそっと取り出して、品のある白い顔と切れ長の眼を愛でながら、髪をなで整えて台座に座らせます。

もうすぐ桃の節句です。

雛祭りは日本古来の人形流し(ひとがたながし)という厄払いの風習と、古代中国の3月の巳の日に行う邪気を払う風習である上巳節が結びついたものと言われています。お人形を飾るようになったのは、平安時代の貴族のおままごとである「ひいな遊び」と組み合わさってからのことです。

子どもの幸せを願う風習は世界各地にあり、それぞれ長い歴史を持っています。邪気を払い、子孫繁栄をもたらすとされる桃の枝を飾ると、お雛様がよく映りいきいき見えてきます。

2月の節分で厄をおとしたら、雛人形を作って飾ってみませんか。柔らかい羊毛を重ねた着物を、白い羊毛で作ったベースに着せてあげます。子どもたちには、ベース部分は用意してあげましょう。

冠、檜扇、笏を添えると、いちだんとお雛様らしくなります。完璧に作りこまず、自然な仕上がりがやさしいお雛様です。

子どもの幸せを願うように、お人形たちも大切にされる対象です。可愛がっているお人形や、ぬいぐるみも整えて、いっしょに並べます。男の子も女の子も慈しむ気持ちもやさしさもはぐくむ、桃の節句です。

4章 ネイチャーコーナーと季節のめぐり

お雛様

あまり作りこまず、
シンプルに、
ふんわりと。

材料

- 羊毛
  （白、桃色、赤、緑、青、黄色）
- 和紙
- フェルト
- 金紙
- フェルティングニードル

❶ 白い羊毛を18cmくらい薄くとり、2枚を十字に置く。中央に直径2〜3センチの白の羊毛ボールを作って置き、包む。これを2つ作る。

❷ 首元から羊毛を少し引き出し、細くより、てるてる坊主のように結ぶ。
❸ 座りがいいように、フェルティングニードルで刺して成形する。

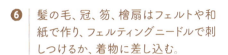

❹ お雛様、お内裏様の着物用に、好みの色の羊毛を絵のように準備し、重ねながらくるむように着せる。
❺ フェルティングニードルで軽く刺して留める。

❻ 髪の毛、冠、笏、檜扇はフェルトや和紙で作り、フェルティングニードルで刺しつけるか、着物に差し込む。

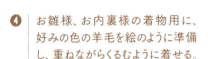

端午の節句

　新学期の緊張が少しだけほどける5月のゴールデンウイーク。
　私の住む里山では、清々しい緑の山を背に、たくさんの鯉のぼりが泳ぐ景色が見られます。
　青く澄んだ空に五色の吹き流し、自由に泳ぐ雄大な鯉は、この広々した景色があってこそ……。
　子どもたちが遊ぶ姿を見下ろしながら風をはらんでいる様子に、元気がもらえる端午の節句です。

　ふと見ると、5月の青い空を、ついついと横切るツバメたちが、今年も巣作りをしています。
　家々の軒下や駅の構内にまで、心地よい場所を見つけて、せっせと子育てにいそしむツバメのお母さん。子育て仲間として、我が家の軒を毎年、快く貸し出しています。
　「ツバメがやって来る家には、幸せが訪れるんだって……」

　一日一日濃くなっていく山々をイメージして、緑色の布をかけた季節のテーブル。
　子どもたちと羊毛で作ったツバメたちを軽やかに飛ばしてみると、我が家らしい5月の景色ができました。
　にぎやかで可愛い赤ちゃんツバメが、小さな翼を広げて、大空に元気に飛び立てますように。

4章　ネイチャーコーナーと季節のめぐり

ツバメとぶ

材料
- 羊毛（紺、白、赤）
- 刺繍糸（黄色）
- 金糸

① 紺と白の羊毛を18cmに細く裂いて合わせ、端から2cmのところを結ぶ。

② 結び目を中に入れて、絵のように羊毛を割る。

③ 結び目を隠しながら、首元の羊毛を細くより出し、巻き付けて頭を作る。

④ 紺の羊毛を薄くしたものを、背中とお腹に挟み込み羽にする。

⑤ しっぽの付け根も③のようにして、きゅっと結ぶ。

⑥ 刺繍糸を刺してくちばしを作り、しっぽを二つに割る。

⑦ 赤い羊毛を頬部分にフェルティングニードルで刺してつけ、上からつれるように金糸をつける。

七夕

　天の海に　雲の波立ち月の船　星の林に漕ぎ隠る見ゆ

　万葉集にある、七夕を詠んだ柿本人麻呂の歌です。

　旧暦の7月7日は上弦の半月で、七夕から月は毎日少しずつ西から東に動いて、天の川を渡っていくように見えるのだそうです。

　この美しい歌から、月の船に乗った織姫が、彦星に会いにいく絵が夜空に浮かんで見えるようです。

　ちぎり紙や七色の糸飾りを作り、五色の短冊に願いごとを書いて笹の枝につるす、涼やかな七夕飾り。

　昔の人は里芋の葉に溜まった朝露を、天の川の雫として墨を溶いたそうです。

　シュタイナー幼稚園でも、早起きをして、花びらや葉っぱを濡らしている朝露を集めて水彩絵の具を溶き、先生が染め紙の短冊に、子どもたちのお願いごとを色でしるしてくださったこともありました。

　シュタイナー幼稚園では知的な目覚めを急がせないため、子どもたちに字を読ませたり書かせたりすることはありませんが、七夕の日のお願いごとはきっと天の星まで届いたことでしょう。

　自分たちの手で作ったもので彩った笹は、特別なものです。

　さらさらと揺れる笹は、素朴であるぶん美しく、人間の生活やこころを清めてくれます。

七夕飾り

染め紙で作った短冊、
七夕飾り。

折ったり
染めたり
つるしたり。

その時間が
お星様に届きます。

おやつには、
葛切りやお素麺を。
冬瓜の星をそえて。

お月見

　秋の夜空に昇る満月ほど、こころを惹きつけるものはありません。十三夜、十五夜、いざよいに月待ち…。とりわけ美しい中秋の名月にまあるいお団子や芋をお供えして、神様が宿るとされる依り代であるすすきを飾りましょう。
　お月見のしつらえをしながら、子どもたちは自然に「待つ」こと、「敬う」こと、「感謝する」ことを経験しています。

　通勤電車の中で、スマホから視線をあげて満月に目を奪われている人を見て、「よかったな。宇宙の出来事の中に人はまだ呼応しているのだな」と思います。自然からかけ離れているように見える生活をしていても、月を見上げ、宇宙の中にいる自分を感じることが出来るとは、なんて有難い季節でしょう。

　まばゆい光の夏が遠のき、内側にめざめる季節の転換地点が秋分です。四季を廻る自然界のリズムは、拡散と集中を繰り返しています。まるで吸ってはく、大きな地球の呼吸のようです。
　芽吹き花咲く春夏は、外に拡がる呼吸。秋から冬に向けて木々は葉を落とし、養分や水分を内側に蓄える吸い込む季節が始まります。
　静かに虫の声も聞こえてきました。そっと、耳を澄まそうとする時、私たちのこころの中はとても静かです。静けさの中のお月見は、少し眠たい子どもたちを、やさしい安らかな光で包みます。

月うさぎ

材料
- 羊毛（白）
- フェルティングニードル

① 羊毛を25cmくらいにやさしく裂く。別の羊毛を小さく丸めて、しっぽを作る。

② 絵のように片側をふわっと結び、うさぎの顔を作る。

③ 顔部分の短い方を2つに割り、整えて耳にする。長い方の先を2つに割り、小さく結び足にする。

④ うさぎを背中側に返し、足をあごの下に置く。

⑤ 両足を揃えて、フェルティングニードルで留める。おしりを丸く整えて、①のしっぽもフェルティングニードルで留める。

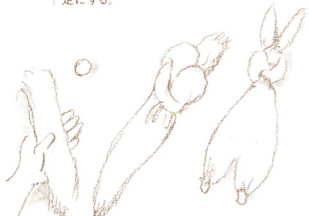

秋風リース

　柔らかな白い雲が、ゆったり高い空を横断していきます。遠くの山がうっすらと見えるような秋のよく晴れた日には、大好きな詩を思い出します。

ちいさな風はどうしたの？
草んなかにはいりこみ　迷子になってしまったよ
ちいさな風はどうしたの？
すずむしさんに道きいて　やっとこさっと出てきたの
ちいさな風はどうしたの？
大きい風におんぶして　お空にのぼってしまったよ

（「ちいさな風」作詞・水谷まさる　より）

　少しずつ大地が乾燥してくる季節、お散歩をしながら、秋風に気持ちよく揺れているススキやエノコログサで、ふわふわのリースを作ってみましょう。

　山道や草原をのんびり歩くと、石垣の上などに、茂みに隠れて青紫や薄緑の宝石のような野葡萄が熟していたり、朱くなったからすうりやヘクソカズラの赤い小さな実が絡まっていたりするかもしれません。

　秋風を含んだふわふわリースに、野草の宝石を飾っても素敵です。色は次第に抜けていきますが、生きているものは時間と共に変化していくものです。そのさまを眺めるのもよいのです。

4章　ネイチャーコーナーと季節のめぐり

ふわふわリース

材料
- 蔓（市販のリース台で代用可）
- 麻紐
- ねこじゃらし、ススキ、野葡萄、からすうりなど秋の草花や実

ススキのリース

① あまり開いていないススキの茎を短く切り、リース台にずらしながら巻いていく。
② 好みの位置に、野葡萄やからすうりなどを麻紐で巻きつける。

ねこじゃらしのリース

① 蔓をまいて、リース台を作る。
② ねこじゃらしは5本程度を束にし、麻紐でまとめる。
③ 小さな束を少しずつ、細い麻紐でずらしながらリース台に巻きつけていく。

ランタンウォーク

　日が短くなってくると、誰もが灯りの存在に恋しさを感じるのではないでしょうか。保育園のお迎えが遅くなった冬の夕刻、商店街の灯りだって、どこか人の気配のあたたかさを感じるでしょう。

　「闇」という言葉は暗く寂しく、時にはネガティブな印象があります。「闇の中を歩く」なんて、とても怖いことに違いありません。

　大きな街では、まるで闇を忘れたように夜でも明るく、星も見えないほどですが、静けさや人工光のない闇を体験することも、子どもには大切なことなのです。

　冬の始まりは、これから長い人生の道を歩いていく子どもたちに、静かな闇に拡がるあたたかいこころの光を経験して欲しい季節です。夕闇がせまるころ、美しい色が揺れるランタンを灯して、静かな緑道や林などを歩きます。昼間よりずっと、冬の落ち葉や木の匂いが感じられます。

　小さな美しい灯りで暗がりや木の根元を照らし、こびとさんが寒くはないかとのぞき込みながら、皆でパンやあたたかい飲みものを分けあっていただきましょう。

　自分の光を明るく灯し、光を持ち寄って歌いながら歩きます。
　これから寒くなる季節に、闇を歩く勇気と、共にある仲間や家族のあたたかさを体験する11月の宵闇です。

4章　ネイチャーコーナーと季節のめぐり

ランタン作り

材料
- にじみ絵（P61参照）
- 画用紙
- 植物油
- チーズの空き箱（下）
- ワイヤー
- 木の枝（磨いておく）

❶ 八つ切くらいのにじみ絵を、新聞紙に乗せて植物油をぬり、乾かす。

❷ 上部を1cm折り両面テープではり、下部は絵のように4cm切り込みを入れ、チーズの空き箱の下の裏側にはり円筒状にする。

❸ 重なったところをのりではり、ホッチキスで何カ所か留める。

❹ 画用紙を丸く切り、底の裏にはる。

❺ 上部に3カ所穴を開け、ワイヤーで木の枝にしっかりと傾かないように結ぶ。

静かに歌いながら歩こう　ランタンをさげて。

ステンドグラス

　小さな町の小さな児童館。そこに、小さな娘を連れてよく訪れていました。今もこころに残る景色があります。

　はいはいができて間もなく階段を昇ることをおぼえた娘は、子育て広場には見向きもしません。4階までの階段を小さな手のひらをつき、ぐっとからだを支えては膝をかけ、一段一段飽きることなく昇り続けていきます。そんなふうにして、からだの内から湧き上がるエネルギーに従い、自分のからだを自分で育てていたのでしょう。

　私は昇っていく丸いお尻を数段下から見守りながら、階段ホールの吹き抜けに施されたステンドグラスを見上げました。
　とても美しい手の込んだもので、大きな虹に何羽もの白い鳥のモチーフがありました。
　脇にあるプレートに目をやると、「今、あなたの腕の中にいる子どもたちは、やがて大きな虹の向こうに自分の翼を広げて羽ばたいていきます」と彫られていました。
　私は少しどきりとして、もう上階の踊り場に座って機嫌のよい顔を向けている娘を見上げました。ステンドグラスからの色と光が夢のように静かな階段ホールに拡がっていました。

　白い昼光からは受け取れない、こころの奥を包むようなステンドグラスの光。薄紙をちぎって重ねて、色の空間を作ってみましょう。

4章　ネイチャーコーナーと季節のめぐり

色を楽しむ窓飾り

> **材料**
- 画用紙（A4・黒色）…2枚
- トレーシングペーパー…2枚
- トランスパレント紙（お好みの色）…適量

❶ 画用紙2枚を重ねて縦に4つ折りにする。

❷ 窓枠の形に切り取る。2枚できる（窓枠A・B）。

❸ トレーシングペーパー2枚も同様に切る（トレペA・B）。

❹ 窓枠AにトレペAをはり、ちぎったり好きな形に切ったトランスパレント紙を、のりを薄くつけてはる。

❺ ④にトレペB、窓枠Bを重ねてはる。

トランスパレントの星

　ドイツでは、クリスマスを迎える前のアドベントのころ、弱くなったお日様の光を楽しもうと、トランスパレント紙で折った美しい星を窓に飾るそうです。

　トランスパレント紙は、透き通った薄い色紙です。つやがあり、はりのある手触りです。ここでは、折り紙サイズのものをカッターで等分に切って使いました。

　トランスパレントの星は、折り方や重ね方を工夫すると、とてもたくさんのパターンが作れます。窓にはり、光を通す時がお楽しみ。
　思わぬ幾何学模様が浮かび上がり、万華鏡のよう！

　12月の夜空は、特別青く深い藍色で、星が美しく見える季節です。宵の明星と呼ばれる金星が、ひときわ明るく輝き始めます。そして遠い宇宙の星々の瞬きが、夜空を見上げる私たちを包みこむように広がっています。
　せいせいと澄んだ冷たい空気を星の輝きと共に吸い込んで、1年の最後のひと月を大切に過ごしましょう。

　さあ、あたたかいお部屋に入り、みんなでスープをいただきましょうか。夜だけでなく1日中、そこには我が家の星がたくさん輝いていますから。

星作り

材料

- トランスパレント紙（折り紙サイズ）…8枚

基本の折り方

1. 対角線を中心に、図のように折る。これを8つ作る。
2. 1枚の中心線に2枚目の左端が重なるように置き、のりではる。
3. ②を繰り返し、8枚目は1枚目の左下にくるようにはる。

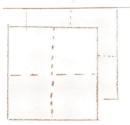

正方形に切る

長方形に切る

折り方もいろいろ、ためしてみよう。

column 4

おやすみの時に

　1日が終わる時、おやすみの前は大切なひとときです。灯りを落とし子どもだけを見て、穏やかな気持ちで眠りの世界への橋渡しをしてあげましょう。上手でなくても、その子のためだけに歌うお母さんの子守唄や、お父さんの語りかけるお話は、子どもにとって特別な芸術なのです。

　どんなにいろいろなことがあった日でも、毎晩同じようにあたたかい静けさの中で、「楽しかったね」と今日を閉じましょう。昼間の善きことは子どもの中に沁みとおり、ざわざわした気持ちは消化されていきます。

　まどろみに入ろうとする柔らかい表情に見える、ありのままのその子の姿から、子どもは親である人に、癒しと共に自然な形で自己教育の機会を与えてくれます。

5章
すこやかに育つ環境作り

二次元コードを読み取れば、5章の右ページがスマートフォンやタブレットからカラーイラストで見られます。A4サイズでプリントアウトもできます。

自然素材を子どもの暮らしに

　子育て世代の一般的なお住まいは、新建材が使われた現代的な内装設計に基づいた建物が多いのではないでしょうか。

　合成フローリングの床やビニールクロスの壁紙、そこに化学繊維のカーテンが掛けられて、絨毯が敷かれ合皮のソファが置かれることもあるかもしれませんね。

　ごく当たり前の景色ですが、見渡すと赤ちゃんがハイハイをし、つかまり立ちやつたえ歩きをする時、生活の中で触れるものほとんどが、合成されたものだということがあります。

　けれども、子どもの感覚はとても繊細です。毎日親しく触れるおもちゃや衣類に、自然界の息吹があることは、とても重要と言えるでしょう。

　人は触って感じて、そのものの「本質」を知ろうとします。本質は、見ただけでは分からないのです。人生の始まりに何に触れて育つかということは、生きていく上での判断基準にもつながります。

　子どもが過ごす環境に、質を感じられる「本物」を取り入れることは、贅沢ではなく豊かな工夫です。

　カーテンに隠れて遊んでいる子に、コットンや麻で簡単なカーテンを縫ってみましょう。寝具のカバーを肌触りのいい天然繊維にし、抱っこする親のエプロンもコットンだといいですね。日々、無心に触れながら、豊かな感覚を育てていけますように。

5章　すこやかに育つ環境作り

感覚を育てる
ひと工夫

おやすみの時間も健やかに。
綿、パイル、フランネルの
カバーをつけて。

子どもの衣服は
もうひとつの肌。
自然素材を選びましょう！

ちくちくするけど
気持ちいい、
サイザル麻のラグ。

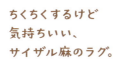

赤ちゃんはシルクが大好き。
ムートンやウールの
ブランケットは、
自然のあたたかさ。

い草のいい匂い。
置き畳を敷いて。

やさしい光に包まれて

　やさしい光に包まれていたなあ。
　子ども時代を振り返った時、そんな風に感じられたら素敵ですね。やさしい光というのは、家族をはじめとして、友達や先生、地域の人びとの愛情の「おおい」のようなものです。目に見えないけれど、からだの中に残っている温もりのようなものなのです。

　「あたたかい灯りの中に、幸せな子どもたちが住んでいる」
　遠くに見える町の灯りの中に、いつもそんな景色を想像しています。
　学生時代、ロンドンに旅行に行った時のことです。冬で日没も早く、東京に比べてお店が閉まるのも早かったのを覚えています。夜は夜としての静けさがあり、それが好ましく感じられました。

　パソコンやスマホのディスプレイのブルーライトやリビングの大画面のテレビ、そこから放たれる光は神経を休ませず、生活の中のあたたかい「灯り」を圧倒してしまいそうです。
　お家の中は、オフィスや店舗とは違い、電球のやさしい灯りがくつろげます。食卓を照らすペンダントや、寝室の小さな間接照明で、安らげる場を作りましょう。障子の白さや影などの「あわさ」も見直したいですね。
　ろうそくを灯したり、ひととき遠い星や月の光を見ることは、大人にとって、明日の育児のための滋養にもなります。

やさしい灯り

お父さんの語り聞かせ、
主人公は子どもたち。
今日はどんなお話だろう？

白いけむりが高くのぼったら、
「おやすみなさい」。

くつろげる灯りの中で話す
楽しかったこと。

私のお家

　おやこクラスに1番早く来たはなちゃんが、おはようのご挨拶をしたらお母さんの手を引いて、そっと入るおままごとのお家。

　お家には、かごのベッドに赤ちゃん人形がすやすや眠っています。お鍋や木べら、匙のかご、木製のお皿が、これから始まる一日のためにきれいに並んでいます。木の実たちも、それぞれ決まったかごに入っています。

　はなちゃんは、小さな鈴を鳴らして赤ちゃんを起こしてあげ、さっそく朝ごはんを作ります。いつも同じ場所に同じものが置いてあるので、迷うことなく、今日の遊びが始められるのです。

　布の天蓋がおおいとなり、落ち着いて自分の遊びに集中することを助けてくれるので、子どもたちは皆、おままごとのお家の中が大好きです。

　絵本『わたしのおうち』（神沢利子作・山脇百合子絵、あかね書房）には、子どもが作ったダンボール箱のお家が登場します。

　幼いころ、誰もが押し入れや狭い隅っこに、おもちゃやお人形を連れて入り、安心して遊べる「お家」を作った憶えがあるのではないでしょうか。お家とは、子どもの内側で活発に働く創造力のやさしい砦のようです。

　空間が大きい家、人の出入りの多い家では特に、拡がりすぎない、守られた雰囲気の遊び場を作ってあげたいですね。

守られた
遊び場

遊びは子どものお仕事。
木枠に布を張った、
遊びのためのたためるつい立て。
小さなコーナーで、
たっぷり遊びます。

古道具の小さい木の本棚は
おもちゃ棚にぴったりでした。
おもちゃは、多すぎないように、
それぞれのかごに並べます。
遊びとおかたづけは一対です。
きれいに並べて、おかたづけも
楽しくなります。

押し入れの上は、
憧れのおにいちゃんの場所。

天井につけた
つり金具から
棒をつるして、
布のお屋根の完成。

生活のリズム

　生活リズムができると、子どもとの暮らしが楽になります。毎日の生活が、同じリズムで営まれていくと、一日の流れがからだに心地よい「習慣」として刻まれていくのです。
　淡々と営まれる生活の中では、子どもは安心を感じ、周りの世界にも目を向けて、昨日とは違う季節の贈り物にも気づきます。外の刺激は大人には楽しくても、毎日いろいろなところにお出かけしてリズムが変わることは幼い子どもには負担になります。

　同じ時間に起き、食事をとる習慣があれば、からだも準備しています。その時間に不思議と目が覚めたりお腹がすいてきたりするのです。
　無理のない生活リズムを実践できれば「かたづけて早く寝なさい！」と言わなくても、歯磨きをし、寝間着を着て絵本を読み終わるころ、「ふわあ〜」と子どもたちのあくびが聞こえてきます。
　大人の生活を優先すると、夜遅くなり眠さや疲れから興奮状態になり、その影響は、翌日の目覚めまで持ち越されてしまいます。
　目覚めや食事、就寝時間を決め、入浴や歯磨きなどの手順をいつも同じように行いましょう。生活に決まった流れが「繰り返し」あることは、子どもの意志を育てます。
　外でたくさんからだを動かして遊んだら、お家で静かに遊ぶ時間を過ごしましょう。そうしたリズムが交互にあると、子どもたちの呼吸もこころもちも、健やかに安定してきます。

小学生になったら、
リズムを助けるお手伝い

新聞取り

水やり

カーテンを開けて、おはよう！

お靴は仲良し

お風呂あがりは、いつもの場所にタオルとバスローブ。

カーテン閉めて、おやすみなさい。

夕食のお皿を並べる。

はじめの一歩

　生まれて初めて手に触れるもの、耳に届く音、目に映る明るさなど、赤ちゃんを取り巻く環境はとりわけ大切にしたいものです。

　小さな赤ちゃんを迎えると、まるで子どもとつながっているように、お母さんの感覚がとても敏感になりますね。今までより景色が瑞々しく感じたり、匂いが急に飛びこんできたりするのです。音や光の質も感じられるようになるのは不思議です。

　お母さんがリラックスして、産後の柔らかいこころを赤ちゃんに向けられるよう、家族であたたかく静かな環境作りをしましょう。

　赤ちゃんは、全身が感覚器官です。音や光、気配、響き、環境のすべてが、からだに深く響いて浸透していきます。何かの刺激を花が開くように受け止め、スポンジのように吸い込むのです。

　赤ちゃん期から幼児期に受ける多すぎる感覚刺激は、フィルターを通さず、子どもの中にすべて刻みこまれてしまいます。

　せわしなさや、いろいろな雑音の中で会話ができる大人と違い、自分に必要なこと、そうでないものをよりわけられません。周りの環境は、子どもの生きるエネルギーに大きく影響をおよぼします。

　歩いたりお話をするようになっても、産後の感覚をスタートラインにしてみませんか？　子どもが心地よく、安心して自分自身でいられるように。それはきっと大人にとっても、新鮮な暮らしの見直しにつながるでしょう。

5章　すこやかに育つ環境作り

やさしい時間

雨の音
鳥のさえずり
風の音　生活の音
ことことお鍋の音
そんな静けさが
赤ちゃんを包む
お母さんを包む

上のお子さんにも
赤ちゃん人形を
作ってあげましょう。

こもりうた　うたいましょう

対面式の
ベビーカーで
外気浴。
赤ちゃんの
お顔が見えて
安心です。

通りすぎるもののスピードや刺激から、赤ちゃんを護ってくれます。
幌も上手に使いましょう。

たっぷりと子ども時間

　長いお休みの間、「やることない！」「つまんない、どこか連れてって」、そんな声が聞こえてきませんでしたか？

　大人も子どもも忙しく、時間に追われています。生活リズムは流れではなく時間割のようになり、タスクをこなすようにして就寝時間をむかえることもあるでしょう。それは本当に大変なことです。

　ぽっかりあいた何も予定のない時間に、戸惑うことはありません。子どもたちには、本来時間がたっぷり必要です。たくさんのアクティビティがあることは一見楽しそうですが、私はむしろ、退屈なひとり時間こそ、子ども時代を内的にも豊かにするものだと思います。

　遊びは暇つぶしではなく、子どもたちの内側から自発的に生まれるもの。あれこれと提案したり、用意してあげなくても、何もないことから生まれてくるものがあるのです。大人からはたわいなく見えても、そのような力を出せたなら、子どもたち自身が一番満足するに違いありません。自分で考える楽しみや自由は、奪われたくありません。

　また、ひとりでいる時間も大切です。赤ちゃんでも、ひとり遊びをする中で、ベッドの柵にぶつかった自分の手を見つめ、舐めて味わいを感じて、「ここに手があること」を大発見します。

　退屈の中にたっぷりとひたりながら、自分の中で、ある閃きに出会います。想像力の自由の翼が羽ばたき始めたのです。

子ども時間

触れることは最初の言葉

　人と人のあたたかいまなざしや温もりがあったら、それはからだの奥深くまで響くように伝わる「愛の言葉」と言えましょう。はだかんぼうで手足を心もとなく動かし泣いている、生まれてきたばかりの赤ちゃんを初めて抱く時、産声もお母さんの魂も震えながら、2つのからだの初めての出会いがあります。

　あなたがいて、私がいます。触れることであなたに出会い、私が目覚めるのです。皮膚は自他、内と外の境界線です。赤ちゃんは触れ合うことで初めて、自分のからだが存在していることを感じます。おくるみをして腕に包んだ赤ちゃんは、安らかな表情になりました。

　冷たいおむつは心地悪く、泣いてお母さんを呼びます。おむつを取り替えて足をさすってもらい、気持ちいいね〜と言葉に触れる。そんな小さな場面をつみ重ねて、肌を通し人間らしい感覚が目覚めていきます。触っていてもお母さんの意識が他にあり、包まれていないと感じる時は、自分にもお母さんにも出会えてはいません。

　日常の触れ合いを意識するだけでも、「私のからだ」に輪郭が与えられ、安心感で満たされます。

　乳幼児期に、大人がしっかりと愛情をこめて触れ合い、まなざしや声をかけることから、子どもの居心地のよい健やかなからだが育まれます。「安心して自分でいられるからだ」こそ、未来への贈り物です。

安心と信頼を
からだで育む

お母さんの匂い、
声、手、あたたかさ。
お母さん全部を感じて、いい気持ち。

満足！

[足浴遊び]

足浴で温まったら、足指1本1本、タオルでていねいにふきます。香りのいいオイルを手に取り、わらべうたで、触れあい遊び。

大切に触れてもらっていると
ほかの人も尊重できるように。

星とたんぽぽのこと

　「星とたんぽぽ」は、私が主宰している0歳から3歳までのおやこクラスです。シュタイナー乳幼児教育を道しるべにして、子育てのいろいろを皆さんと考えたり、子どもたちの遊ぶ傍らで素朴な手仕事をしています。
　クラスのある神奈川の西の端、藤野の緑豊かな山々の色あいや、湖から立ち昇る香りのいい蒸気は、今日も地球が生きて呼吸をしていることを感じさせてくれます。
　そんな環境に感謝しながら、いつも同じように、同じ場所で、皆さんをお迎えしています。

子どもたちに おくる手仕事

おやこクラスにいらしたあるお母さんは、編み物がご趣味でした。

おやこクラスでは手仕事で、遊び紐や冠など簡単な編み物をしますが、会に参加するたびに手仕事が楽しくなりお家では木工にも挑戦しているとのこと。

おやこクラスの卒会の日には、「ただの趣味だった手芸に、こんなに子どもたちが喜んでくれて……。手仕事を通して、自分に自信が生まれました」と話してくださいました。

子どもたちが日々遊びこむ姿に関心を向け、手を動かすお母さんの中にも、歓びが届きます。

おやこクラスのお母さんからいただいたカード。私の後ろ姿です。

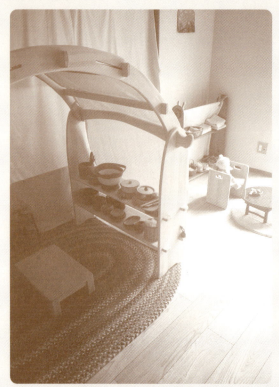
星とたんぽぽのお部屋の様子。

ふれあって遊ぶ

　おやこクラスでは、指先を使う手遊びやお母さんに触ってもらう遊び、お手玉や布の手触りを感じる遊びを毎回楽しみます。
　昔からある手遊びも見方を変えると、からだの隅々までを意識できる感覚遊びと言えます。

　子どもたちには、タブレット端末のような硬く平坦なスクリーンをスクロールするのではなく、あたたかい指と指、手と手で感じる経験をたくさんして欲しいと思うのです。
　ふれあい遊びは、安心の根っこを育みます。

あなたはどこからきたの？

　子どもが無心に遊ぶその姿を見つめていると、どうしても尋ねたくなることがあります。
「あなたはどこからきたの？」
　遠い未来から、いにしえに続く遥かな星の道の重なり合う一点で、「お母さんとお父さんのところに生まれてもいい？」と、おやこの出会いが生まれたのかもしれません。

　色鮮やかなこの地上で、人は泣いたり笑ったり、数えきれない喜びと悲しみを味わいます。分かち合い抱きしめ合い、手の温もりを感じながら人生の日々を豊かに紡いでいきたいですね。

秋のテーブル。

星とたんぽぽの手仕事から
丁寧に作る羊毛ボール

星とたんぽぽでも、お母さんたちが子どもを見守りながら、羊毛ボールを作ることがあります。

急がないで、バランスを感じながら丁寧に作ります。

いろいろな手仕事の基本になる羊毛ボールの作り方をご紹介します。

作り方

① 羊毛の塊を開くようにふわっと割る。

② 巻きやすい幅と長さにとり、片端に結び目を作る。

③ 結び目を芯にして、空気をぬきながらしっかり巻く。

④ 巻き終わりの部分を、ボールにやさしくなでつける。

⑤ さらに新しい羊毛をとり、今までと別な方向から、バランスよく巻く。

⑥ お湯に静かに浸し、せっけんをつけて、つぶさないように手の平でくるくる丸める。

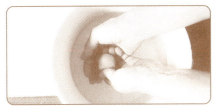

⑦ 硬くなってきたら、手で壁を作るようにして丸める。

⑧ 水につけてせっけん分を落とし、タオルで水分を吸い取って乾かす。

おわりに

「自然環境がない都会の子育てに、シュタイナーのエッセンスを取り入れて暮らすヒントはありますか？」。この本は、そんな投げかけによって生まれました。

　私は毎日スクラップアンドビルドを繰り返す都心で育ちました。山や海のない街であっても、幼子の眼に自ずと親しく映るものは、不思議に自然界の景色でした。指でつぶすと乾いた殻から零れ落ちる朝顔の種、ずっとついてくるお月様、大きく滴るような赤い夕陽。子どもを包みこむ自然の気配、手の中の小さな自然、どちらもひとつながりの世界でした。

　ある日、普段は仕事で忙しかった母とお人形を一緒に作りました。世界との一体感から少しずつ離れ、心の内面の誕生に幾ばくかの不安を抱え始める９、10歳のころだと憶えています。
　母は楽しそうに素敵な工夫を凝らし、共に手を動かしあって「2人の作品」となりました。創造する大人がその無垢な喜びを見せてくれる。前思春期の子どもにとってそれは、大きな励ましとなったのです。

時間がない親御さんも、手仕事は成長段階に寄り添うこころの対話にもなるとお伝えしたいと思います。子どもの魂の求めるものはどんな環境でも変わらないのかもしれません。

　1冊の本にぎっしりまとめてくださった編集者の林 聡子さん、デザイナーの小守いつみさん、創元社の中本美苗さんに、深く感謝申し上げます。また、レシピ作りなどに快くご協力くださいました、横浜シュタイナーどんぐりのおうちの横山径子先生、ス・マートパン池辺 澄さん、藤野シュタイナー子ども園チトの金田涼子先生、三上葉子さん、ありがとうございました。
　最後に、この本を通して出会った皆様、おやこクラスをお支えくださる皆様、そして家族に、心からの感謝を贈ります。

　すべての尊い一人ひとりの子どもの人生の物語に、よく働くその手で、たくさんの美しい色を織りこむことができますように──。

2024年秋晴れの日に
土田亜紀

［著者］

土田亜紀

つちだ・あき

0〜3歳おやこクラス「星とたんぽぽ」　主宰

東京都生まれ。女子美術大学付属高校より桑沢デザイン
研究所、セツ・モードセミナーを経て、イラストレーター
に。エッセイ、広告、新聞連載、書籍などを手掛ける。
調理師として自然食レストラン勤務、オーガニック・カフェ
のメニュー開発にも携わる。

2児の子育てを通し、シュタイナー教育に出会う。保育士
として複数のシュタイナー幼稚園で助手を務めたのち、
2011年〜2020年まで三鷹市の一般社団法人ヴァルドルフ
の森・キンダーガルテンなのはな園未就園児クラス講師。
2021年より藤野にて、シュタイナー乳幼児教育にヒントを
もらう0〜3歳おやこクラス「星とたんぽぽ」開講。「お母
さんだからできること」を発信している。

〈子どものやる気を育てる〉シリーズ

親子でいっしょに楽しむ
シュタイナーの手仕事

2024年11月20日　第1版第1刷発行

著　者 .... 土田亜紀
発行者 .... 矢部敬一
発行所 .... 株式会社 創元社

〈本社〉
〒541-0047 大阪市中央区淡路町4-3-6
Tel.06-6231-9010㈹

〈東京支店〉
〒101-0051 東京都千代田区神田神保町1-2 田辺ビル
Tel.03-6811-0662㈹

〈ホームページ〉
https://www.sogensha.co.jp/

印　刷 .... 株式会社 太洋社

©Tsuchida Aki　2024　Printed in Japan
ISBN978-4-422-12081-2　C0037

落丁・乱丁本はお取り替えいたします。

JCOPY 〈出版者著作権管理機構委託出版物〉

本書の無断複製は著作権法上での例外を除き禁じられています。複製される場合は、そのつど事前に、出版者著作
権管理機構（電話03-5244-5088、FAX 03-5244-5089、e-mail: info@jcopy.or.jp）の許諾を得てください。

シリーズ既刊

〈子どものやる気を育てる〉シリーズ

勉強とスポーツに自信がつく ビジョントレーニング

北出勝也＝著

ISBN 978-4-422-41100-2
定価 1,760円（税込）

　勉強や運動をしても成果が出ないなら、眼の動かし方に問題があるのかも。ビジョントレーニングで眼の動かし方を習得すると、今まで無理だったことが簡単にできるようになります。本書は見開き1テーマで分かりやすく、左頁に解説、右頁にワークがあります。ワークはQRコードを読み取りプリントすれば、何度でもできます。親子で取り組めば、集中力、書く力、読む力、イメージ力、運動力がアップし、勉強とスポーツが得意に！